geschichten aus unserer zeit

geschichten aus unserer zeit

herausgegeben von

karl hotz

und

gerhard c. krischker

c.c. buchners verlag bamberg

durch den tunnel

englisch-amerikanische
geschichten aus unserer zeit
band 3

von

christl wiebus

und

bernhard winterer

Umschlagbild:
›Approaching a City‹
(Ausschnitt)
von Edward Hopper

1. Auflage 1[4 3 2 1] 1999 97 96 95
Die letzte Zahl bedeutet das Jahr dieses Druckes.
Alle Drucke dieser Auflage sind, weil untereinander unverändert, nebeneinander benutzbar.

Gesamtherstellung: Pustet, Regensburg

ISBN 3 7661 **4383** 2

INHALT

	Vorwort 6
Lessing	Durch den Tunnel 7
Atwood	Wenn es passiert 18
Bradbury	Das Kinderzimmer 30
Jackson	Wie Mutter es immer gemacht hat 47
Rhys	Schlafen Sie Ihren Rausch aus, Lady 58
Rendell	Die neue Freundin 72
Highsmith	Der Knopf 84
	Kurzbiographien und Quellennachweis 106

VORWORT

In den Geschichten dieses Bändchens geht es um Einbrüche, um Umbrüche und um Ausbrüche aus der alltäglichen Normalität, bis zum bitteren, z. T. tödlichen Ende. Obwohl es sich im eigentlichen Sinne nicht um sogenannte Katastrophengeschichten handelt, zeigen sie doch alle die Brüchigkeit konventioneller Fassaden oder die Labilität selbstverständlich gewordener Rituale; sie zeigen auch, wieviel an tatsächlichem oder vermeintlichem Wahnsinn unserem Alltag beigemischt ist. In den meisten der »Stories« erscheint – sozusagen als eine mögliche Reaktion auf diesen Befund – der für die angelsächsische Literatur so typische ›schwarze Humor‹ (black humour), der sarkastische, mit understatement vermischte Umgang mit dem Makabren und dem Schrecken. Ausgewählt wurden solche Geschichten, deren Akzeptanz bei Jugendlichen als ziemlich hoch eingestuft werden kann, vielleicht nicht immer im Gleichklang mit dem Lehrer und dem Literaturunterricht. Der Bekanntheitsgrad und die Stellung der Autorinnen und des Autors im gegenwärtigen europäischen Literaturbetrieb, ja die Zugehörigkeit zur Weltliteratur (Doris Lessing, Patricia Highsmith) waren nicht ausschlaggebend für die thematisch bestimmte Auswahl, doch unterstützt dieses Phänomen unser Unterfangen. Daß die schreibenden Frauen gegenüber den Männern so deutlich dominieren, erklärt sich vor allem von den inhaltlich-thematischen Elementen und der psychologischen Intention der Erzählungen her. Jene angedeuteten alltäglichen Katastrophen werden – so scheint es – von den Frauen betroffener und sie betreffender wahrgenommen und erlitten als von den Männern. Die in den Geschichten entworfenen sozialen Konstellationen und Konflikte, zumeist zentriert auf die Familie, bieten den Heranwachsenden natürlich besonders motivierende und vielfältige »lebensnahe« Anknüpfungsmöglichkeiten (»Identifikationsangebote«).
Insgesamt ist den Geschichten wie den mit ihnen befaßten Leserinnen und Lesern eine unverkrampfte, innovative und produktive Unterrichtsatmosphäre zu wünschen.

Bamberg/München, im September 1995 *Herausgeber u. Bearbeiter*

DORIS LESSING

DURCH DEN TUNNEL

Als er am ersten Morgen seiner Ferien zum Strand ging, machte der englische Junge bei einer Wegbiegung Halt und blickte auf eine wild zerklüftete Bucht hinunter und dann hinüber zu dem überfüllten Badestrand, den er von früheren Jahren her so gut kannte. Seine Mutter, die vor ihm herging, trug in der einen Hand eine hellgestreifte Tasche. Ihr anderer Arm, der locker hin und herschwang, sah in der Sonne schneeweiß aus. Der Junge sah sich interessiert diesen nackten weißen Arm an und richtete dann seinen Blick, in dem sich Mißfallen verbarg, auf die Bucht und wieder auf seine Mutter. Als sie bemerkte, daß er nicht in ihrer Nähe war, drehte sie sich um. »Ach, da bist du, Jerry!« sagte sie. Sie sah ungeduldig aus, dann lächelte sie. »Liebling, willst du vielleicht nicht mit mir kommen? Willst du vielleicht lieber –?« Sie runzelte die Stirn und grübelte, welchen Zeitvertreib er sich wohl heimlich ersehnte und ob sie vielleicht zu beschäftigt oder auch zu gleichgültig gewesen war, sich diesen vorzustellen. Ihm war dieses besorgte Entschuldigungslächeln sehr vertraut. Ein Gefühl der Reue ließ ihn hinter ihr herlaufen. Und dennoch blickte er, als er zu ihr rannte, auf die wilde Bucht zurück, und den ganzen Vormittag über, während er auf dem sicheren Badestrand spielte, dachte er an diese Bucht.

Am nächsten Morgen, als es Zeit für das übliche Schwimmen und Sonnenbaden war, fragte seine Mutter: »Langweilst du dich auf unserem Badestrand, Jerry? Möchtest du woanders hin?«

»Nein, nein!« antwortete er rasch und lächelte sie mit jener nie ausbleibenden Regung der Reue an – einer Art von Ritterlichkeit. Als er jedoch den Weg mit ihr hinunterstieg, brach es aus ihm heraus: »Ich würde ganz gern mal die Felsen da unten anschauen.«

Sie mußte seinen Wunsch erst bedenken. Es war eine wild aussehende Gegend, und niemand war dort; aber sie sagte: »Natürlich, Jerry. Wenn du genug hast, dann komm an den großen Badestrand. Oder geh, wenn du willst, gleich zum Haus zurück.« Sie ging davon; der nackte Arm, jetzt leicht gerötet von der gestrigen Sonne, schwang hin und her. Und beinah wäre er wieder hinter ihr hergerannt, da er es unerträglich fand, daß sie ganz allein gehen sollte; aber er tat es nicht.

Sie dachte bei sich: Natürlich ist er alt genug, daß ihm auch ohne mich nichts passiert. Habe ich ihn etwa zu eng an mich gebunden? Er darf nicht das Gefühl haben, er müßte bei mir bleiben. Ich muß da achtgeben.

Er war ein Einzelkind, elf Jahre alt. Sie war Witwe, entschlossen, weder besitzergreifend zu sein noch es ihm an Liebe fehlen zu lassen. Voller Sorge ging sie zu ihrem Badestrand davon.

Sobald Jerry sah, daß seine Mutter ihren Strand erreicht hatte, begann er den steilen Abstieg zur Bucht. Von seinem Platz aus, hoch oben zwischen rotbraunen Felsen, erschien sie ihm wie eine Mulde voll bewegtem bläulichem Grün, eingesäumt von Weiß. Als er weiter hinunterkletterte, sah er, daß sie sich zwischen kleinen Felsvorsprüngen und Schluchten aus schroffem, scharfem Gestein ausdehnte, und die gekräuselte, schwappende Oberfläche zeigte Flecken von Purpur und tieferem Blau. Als er endlich die letzten Meter rasch hinunterglitt und rutschte, sah er den Saum der weißen Brandung und die glitzernde, seichte Bewegung des Wassers über weißem Sand und weiter draußen massives Tiefblau.

Er rannte sofort ins Wasser und begann zu schwimmen. Er war ein guter Schwimmer. Schnell glitt er über den leuchtenden Sand hinaus, über eine mittlere Zone, wo Felsbrocken wie ausgebleichte Ungeheuer unter der Oberfläche lagen, und war dann im richtigen Meer – einem warmen Meer, in dem unregelmäßige kalte Strömungen aus der Tiefe seinen Körper schockartig erfaßten.

Als er so weit draußen war, daß er nicht nur auf die kleine Bucht, sondern auch über den Felsvorsprung hinaus sehen konnte, der sie vom großen Badestrand trennte, ließ er sich auf der Wasseroberfläche treiben und hielt Ausschau nach seiner Mutter. Da war sie, ein kleiner gelber Fleck unter einem Sonnenschirm, der wie ein Stück Orangenschale aussah. Er schwamm zur Küste zurück, erleichtert durch die Gewißheit, daß sie dort war, doch auf einmal sehr einsam.

Am Rande einer Felsnase, die die andere Seite der Bucht, gegenüber dem Felsvorsprung, markierte, lagen einzelne, lose verstreute Felsbrocken umher. Darüber streiften sich einige Jungen gerade ihre Kleider ab. Nackt kamen sie zu den Felsen heruntergelaufen. Der englische Junge schwamm auf sie zu, aber er hielt sich einen Steinwurf weit von ihnen entfernt. Sie stammten von dieser Küste; alle waren gleichmäßig dunkelbraun gebrannt und redeten in einer Sprache, die er nicht verstand. Ihn durchdrang heftige Sehnsucht, bei ihnen zu sein, einer der ihren zu sein. Er schwamm ein wenig näher; sie drehten sich um und beobachteten ihn mit wachsam zusammengekniffenen dunklen Augen. Dann lächelte einer von ihnen und winkte ihm. Das war das Zeichen. Blitzschnell hatte er sie erreicht und stellte sich neben sie auf die Felsen; nervös und verzweifelt-flehend lächelte er sie an. Sie begrüßten ihn lautstark und fröhlich; doch dann, als er sein nervöses, verständnisloses Lächeln beibehielt, begriffen sie, daß er ein Ausländer war, der sich von seinem eigenen Badestrand hierher verirrt hatte, und sie begannen, ihn nicht weiter zu beachten. Aber er fühlte sich glücklich. Er war bei ihnen.

Sie sprangen immer wieder von einer hohen Stelle aus mitten hinein in einen Brunnen blauen Meerwassers, umgeben von schroffem, scharfspitzigem Felsgestein. Nachdem sie getaucht hatten und wieder an die Oberfläche gelangt waren, schwammen sie zurück, zogen sich hinauf und warteten, bis sie erneut an die Reihe kamen, zu springen. Es waren große Jungen – für Jerry Männer. Er tauchte, und sie beobachteten ihn; und als er zurückschwamm, um seine Stelle einzunehmen, machten sie ihm Platz. Er spürte, daß er akzeptiert wurde, und tauchte wieder, vorsichtig, stolz auf sich.

Bald stellte sich der größere der Jungen in Positur, schoß ins Wasser und kam nicht mehr hoch. Die anderen standen herum und sahen zu. Als Jerry lange darauf gewartet hatte, daß der glatthaarige braune Kopf wieder erschiene, stieß er einen warnenden Schrei aus; sie blickten ihn flüchtig an und wandten ihre Blicke zurück aufs Wasser. Nach langer Zeit tauchte der Junge auf der anderen Seite eines großen Felsens auf, stieß prustend die Luft aus den Lungen und ließ einen triumphierenden Schrei ertönen. Sofort tauchte der Rest von ihnen hinunter. Einen Augenblick lang schien der Morgen voll schwatzender Jungen zu sein, im nächsten waren Luft und

Meeroberfläche leer. Aber durch das Tiefblau konnte man dunkle Gestalten sehen, wie sie sich tastend vorwärtsbewegten.
Jerry tauchte, schoß an der Schule der Unterwasserschwimmer vorbei, entdeckte eine schwarze Felswand, die sich drohend vor ihm abzeichnete, berührte sie und schnellte sofort an die Oberfläche hoch, wo die Wand eine niedrige Barriere war, über die er hinwegblicken konnte. Niemand war zu sehen; die undeutlichen Umrisse der Schwimmer unter ihm in Wasser waren verschwunden. Dann tauchte einer, dann ein zweiter der Jungen am entfernten Ende der Felsbarriere auf, und ihm wurde klar, daß sie durch eine Lücke oder ein Loch hindurch geschwommen sein mußten. Er tauchte wieder tief hinab. Durch das in die Augen beißende Salzwasser konnte er nichts als den nackten Felsen sehen. Als er hochkam, waren sie alle auf dem Sprungfelsen, bereit, erneut das Bravourstück zu wagen. Und jetzt, in panischer Angst zu versagen, schrie er gellend auf Englisch: »Schaut mich an! Schaut doch!« und begann wie ein närrisch gewordener Hund im Wasser zu platschen und um sich zu schlagen.
Sie blickten ganz ernst hinunter, mit gerunzelter Stirn. Er kannte dieses Stirnrunzeln. In Augenblicken des Versagens, wenn er sich wie ein Hanswurst benahm, um die Aufmerksamkeit seiner Mutter zu erheischen, bedachte sie ihn mit genau diesem ernsten, peinlich berührten, prüfenden Blick. In einem Gefühl brennender Scham, denn er fühlte das flehentlich bittende Grinsen auf seinem Gesicht wie eine Narbe, die niemals zu entfernen war, blickte er zu der Gruppe von großen braunen Jungen auf dem Felsen empor und schrie: *»Bonjour! Merci! Au revoir! Monsieur, monsieur!«*, während er seine Finger um die Ohren legte und mit ihnen wackelte.
Wasser drang plötzlich in seinen Mund; es nahm ihm den Atem, er sank, kam wieder hoch. Der Felsen, kurz zuvor noch mit den Jungen befrachtet, schien sich im Wasser aufzubäumen, als ihr Gewicht von ihm genommen wurde. Sie flogen an ihm vorbei in die Tiefe; die Luft schwirrte von fallenden Körpern. Dann lag der Felsen leer im heißen Sonnenlicht. Er zählte eins, zwei, drei ...
Bei fünfzig überfiel ihn schreckliche Angst. Sie mußten doch alle ertrinken, dort unten in den mit Wasser angefüllten Felsenhöhlen! Bei hundert suchte er mit den Augen den menschenleeren Abhang

ab und fragte sich, ob er um Hilfe schreien sollte. Er zählte schneller, schneller, um sie anzutreiben, doch aufzusteigen, um sie rasch an die Oberfläche zu bringen, um sie rasch ertrinken zu lassen – alles eher als dieser Schrecken, immer weiter in die blaue Leere des Morgens hinein zählen zu müssen. Und dann, bei hundertundsechzig, war das Wasser hinter dem Felsen voller Jungen, die wie braune Wale prusteten. Sie schwammen zur Küste zurück, ohne ihm einen Blick zuzuwerfen.

Er kletterte auf den Sprungfelsen hinauf und setzte sich; unter seinen Schenkeln fühlte er die heiße Rauheit des Felsens. Die Jungen sammelten ihre Kleidungsstücke auf und rannten den Strand entlang zu einem anderen Vorsprung. Sie gingen fort, um ihn loszusein. Er weinte hemmungslos, die Fäuste in die Augen geballt. Es gab niemanden, der ihn sehen konnte, und so weinte er sich aus.

Es kam ihm vor, als sei eine lange Zeit vergangen, er schwamm ins Meer hinaus, bis dorthin, wo er seine Mutter sehen konnte. Ja, da war sie noch, ein gelber Fleck unter einem orangefarbenen Sonnenschirm. Er schwamm zu dem großen Felsen zurück, kletterte hinauf und machte dann einen Kopfsprung hinein in den blauen See zwischen den grimmig gezackten Felsbrocken. Er tauchte tiefer, bis er wieder die Felswand berührte. Aber das Salz brannte so sehr in seinen Augen, daß er nichts sehen konnte.

Er kam an die Oberfläche, schwamm zum Ufer und ging zum Haus zurück, um auf seine Mutter zu warten. Bald schon kam sie langsam den Weg heraufgestiegen, ihre gestreifte Tasche schlenkernd, auch der gerötete nackte Arm schwang hin und her. »Ich möchte eine Taucherbrille«, sagte er keuchend, trotzig und bittend zugleich.

Sie warf ihm einen geduldigen, forschenden Blick zu, als sie beiläufig sagte: »Aber natürlich, mein Liebling.«

Aber jetzt, jetzt, jetzt gleich! Er mußte sie sofort haben und nicht ein andermal. Er bohrte und quälte so lange, bis sie mit ihm zu einem Geschäft ging. Sobald sie die Taucherbrille gekauft hatte, riß er sie ihr aus der Hand, als wenn sie diese für sich beanspruchen wollte, und schon rannte er damit den steilen Weg zur Bucht hinunter.

Jerry schwamm hinaus zur großen Felsbarriere, setzte die Taucherbrille auf und machte einen Kopfsprung. Der Wasserdruck drang in

das mit Gummi eingefaßte Vakuum, und die Taucherbrille lockerte sich. Er begriff, daß er von der Wasseroberfläche aus zum Felssockel hinunter tauchen mußte. Er befestigte die Taucherbrille ganz straff, atmete tief ein und ließ sich, das Gesicht nach unten, auf dem Wasser treiben. Nun konnte er sehen. Es war, als hätte er Augen anderer Art – Fischaugen, die ihm alles deutlich, fein und wogend im glasklaren Wasser zeigten.
Unter ihm, in etwa zwei Meter Tiefe, lag ein Boden aus vollkommen sauberem weißem Sand, von Ebbe und Flut in kleine erstarrte Wellen geriffelt. Zwei graue Schatten schwammen dort, wie längliche, gerundete Holz- oder Schieferstücke. Es waren Fische. Er sah, wie sie sich vorsichtig aufeinander zu bewegten, regungslos verharrten, vorschossen, abbogen und sich wieder umdrehten. Es war wie ein Wassertanz. Einige Zentimeter darüber sprühte das Wasser Funken, als fielen Zechinen hindurch. Wieder Fische – Myriaden von winzigen Fischen, nicht länger als sein Fingernagel – stoben durch das Wasser, und einen Augenblick lang konnte er ihre unzähligen, kaum spürbaren Berührungen auf seinem Körper fühlen. Es war, als schwämme er zwischen lauter Silberflecken. Der mächtige Felsen, durch den die großen Jungen geschwommen waren, erhob sich jäh aus dem weißen Sand – schwarz, mit Büscheln grünlicher Wasserpflanzen. Er konnte keinen Spalt erkennen. Er schwamm hinunter bis zu seinem Sockel.
Immer wieder tauchte er auf, pumpte die Lungen voll Luft und ging runter. Immer wieder tastete er über die Oberfläche des Felsens, befühlte ihn, umarmte ihn schon beinah in dem verzweifelten Drang, den Eingang zu finden. Und dann auf einmal, als er sich an der schwarzen Wand festhielt, kamen seine Knie hoch, und er stieß seine Füße nach vorn und fand keinen Widerstand. Er hatte das Loch entdeckt.
Er tauchte auf, kletterte zwischen den Steinen umher, die verstreut auf der Felsbarriere lagen, bis er einen großen Brocken fand, hielt diesen mit beiden Armen umschlungen und ließ sich an dem Felsen hinabgleiten. Er sank mit dem Gewicht direkt bis auf den sandigen Grund. Sich fest an den Ankerstein klammernd, lag er auf der Seite und blickte unter die dunkle Felsplatte, wo seine Füße verschwunden waren. Er konnte das Loch sehen. Es war ein unregelmäßiger,

dunkler Spalt; aber er konnte nicht weit genug hineinblicken. Er ließ seinen Anker fahren, umklammerte die Ränder des Lochs und versuchte, sich hineinzuzwängen.
Er kam mit dem Kopf durch, spürte, daß seine Schultern eingeklemmt waren, bewegte sie seitlich hinein und war bis zur Hüfte drinnen. Er konnte vor sich nichts sehen. Etwas Weich-Klebriges berührte seinen Mund; er sah, wie sich ein dunkler Wedel vor dem grauen Felsen bewegte, und geriet in Panik. Er dachte an Kraken, Schlingpflanzen. Er stieß sich zurück nach draußen und konnte bei seinem Rückzug einen flüchtigen Blick auf einen harmlosen Tangwedel werfen, der in der Tunnelöffnung trieb. Aber ihm reichte es. Er tauchte wieder ans Sonnenlicht, schwamm zum Strand und legte sich auf den Sprungfelsen. Er blickte in den blauen Brunnen hinunter. Er wußte, den Weg durch diese Höhle, dieses Loch, diesen Tunnel mußte er finden und an der anderen Seite herauskommen.
Als erstes, überlegte er, müßte er lernen, das Atmen zu beherrschen. Er ließ sich mit einem anderen großen Stein in den Armen im Wasser hinabgleiten, so daß er ohne Kraftaufwand auf dem Meeresboden liegen konnte. Er zählte. Eins, zwei, drei. Ganz gleichmäßig. Er konnte das Pochen des Blutes in seiner Brust hören. Einundfünfzig, zweiundfünfzig ... Seine Brust schmerzte. Er ließ den Stein los und schnellte nach oben. Er sah, daß die Sonne unterging. Er eilte zum Haus, wo seine Mutter gerade beim Abendessen saß. Sie sagte nur: »Hast du Spaß gehabt?«, worauf er mit »Ja« antwortete.
Die ganze Nacht hindurch träumte der Junge von der Wasserhöhle in den Felsen, und sobald er gefrühstückt hatte, ging er zur Bucht.
Am Abend blutete seine Nase stark. Stundenlang war er unter Wasser gewesen, hatte geübt, den Atem anzuhalten, und nun fühlte er sich schwach und schwindelig. Seine Mutter sagte: »An deiner Stelle, würde ich es nicht übertreiben.«
Auch am folgenden Tag trainierte Jerry seine Atmung, so als hinge alles, sein ganzes Leben, alles, was er werden könnte, davon ab. Wieder blutete abends seine Nase, und seine Mutter bestand darauf, daß er am nächsten Tag mit ihr kam. Es war qualvoll, einen vollen Tag sorgfältigen Selbsttrainings zu vergeuden, aber er blieb mit ihr auf dem anderen Badestrand, der ihm jetzt wie ein Kinder-

spielplatz vorkam, etwas, wo seine Mutter ruhig in der Sonne liegen mochte. Sein Strand war es nicht.
Am nächsten Tag fragte er nicht um Erlaubnis, ob er zu seinem Strand gehen dürfe. Er ging, bevor seine Mutter das komplizierte Für und Wider des Ganzen bedenken konnte. Daß er einen Tag ausgesetzt hatte, bewirkte, wie er jetzt merkte, daß er zehn Sekunden länger zählen konnte. Die großen Jungen hatten den Durchgang bei hundertsechzig geschafft. Er hatte in seiner Angst sehr schnell gezählt. Wenn er es jetzt versuchte, könnte er wahrscheinlich den langen Tunnel schaffen, aber er hatte es nicht schon jetzt vor. Eine merkwürdige, ganz unkindliche Hartnäckigkeit, eine kontrollierte Ungeduld, ließen ihn abwarten. In der Zwischenzeit lag er unter Wasser auf dem weißen Sand, der nun übersät war mit Steinen, die er von oben heruntergebracht hatte, und studierte den Eingang zum Tunnel. Er kannte, soweit er überhaupt sehen konnte, jeden Vorsprung und jede Windung. Es war, als spürte er bereits die scharfen Kanten an seinen Schultern. Wenn seine Mutter nicht in der Nähe war, saß er im Landhaus neben der Uhr und kontrollierte seine Zeit. Er war zunächst ungläubig, dann stolz, als er herausfand, daß er seinen Atem mühelos zwei Minuten lang anhalten konnte. Die Worte »zwei Minuten«, deren Richtigkeit die Uhr bewiesen hatte, brachte ihm das Abenteuer nahe, das er so sehnlichst brauchte.
In vier Tagen, sagte seine Mutter eines Morgens beiläufig, müßten sie wieder nach Hause. Am Vortag ihrer Abreise würde er es tun, selbst wenn er dabei draufging, sagte er sich trotzig. Aber zwei Tage vor der Abreise – welch ein glorreicher Tag, als er sich um fünfzehn Sekunden steigern konnte – blutete seine Nase so stark, daß ihm schwindlig wurde und er sich kraftlos auf den großen Felsen legen mußte wie ein Stück Seetang, und er beobachtete, wie das dicke Blut auf den Felsen floß und langsam ins Meer tropfte. Er hatte Angst. Angenommen, ihm wurde im Tunnel schwindlig? Angenommen, er starb dort wie in einer Falle? Angenommen – ihm drehte sich alles vor Augen in der heißen Sonne, und beinah hätte er aufgegeben. Er überlegte, er sollte zum Haus zurückkehren und sich hinlegen, und im nächsten Sommer vielleicht, wenn er ein Jahr älter war – *dann* würde er durch das Loch hindurchschwimmen.

Aber selbst nachdem er sich entschlossen hatte oder es zumindest glaubte, ertappte er sich dabei, wie er sich auf dem Felsen aufrichtete und in das Wasser hinabblickte; und er wußte, daß jetzt, in diesem Augenblick, wo seine Nase eben zu bluten aufgehört hatte, wo sein Kopf noch schmerzte und pochte –, daß jetzt der Augenblick gekommen war, es zu versuchen. Wenn er es jetzt nicht wagte, würde er es niemals tun. Er zitterte vor Angst, daß er es nicht tun würde; und er zitterte vor Schrecken bei dem Gedanken an den langen, langen Tunnel unter dem Felsen, unter dem Meer. Selbst im hellen Sonnenlicht erschien ihm die Felsbarriere ungeheuer breit und sehr wuchtig; tonnenschweres Felsgestein lastete dort, wo er hindurchtauchen mußte. Wenn er da unten stürbe, würde er liegenbleiben, bis ihn eines Tages – vielleicht erst im nächsten Jahr – die großen Jungen finden würden, wenn sie dort hineinschwömmen und den Tunnel blockiert fänden.

Er setzte die Taucherbrille auf, schnallte sie ganz eng, überprüfte das Vakuum. Seine Hände zitterten. Dann wählte er sich den größten Stein aus, den er tragen konnte, und rutschte über den Felsrand, bis er zur Hälfte im kühlen, ihn umschließenden Wasser war und zur anderen Hälfte in der heißen Sonne. Er blickte einmal hinauf in den leeren Himmel, füllte seine Lungen einmal, zweimal mit Luft und sank dann schnell mit dem Stein auf den Grund. Er ließ ihn los und begann zu zählen. Er packte mit den Händen die Kanten der Felsöffnung und zog sich hindurch, bewegte erst die eine Schulter, dann die andere vor, wie er es sich gemerkt hatte, stieß sich mit den Füßen vorwärts.

Bald schon befand er sich im Innern, in einer kleinen von Felsen umschlossenen Höhle mit gelblich grauem Wasser. Die Decke war scharfkantig und schnitt in seinen Rücken. Er zog sich mit den Händen entlang – schnell, schnell –, wobei er seine Füße wie Hebel einsetzte. Sein Kopf schlug gegen etwas, ein scharfer Schmerz betäubte ihn. Fünfzig, einundfünfzig, zweiundfünfzig ... Kein Licht war da, und das Wasser schien wie ein Felsen auf ihm zu lasten. Einundsiebzig, zweiundsiebzig ... Kein Druck auf seiner Lunge. Er fühlte sich wie ein aufgeblasener Ballon, sein Atem ging so leicht und schwerelos, doch pochte es in seinem Kopf.

Ständig wurde er gegen die scharfkantige Decke gedrängt, die sich glitschig und gleichzeitig rauh anfühlte. Wieder dachte er an Kraken und fragte sich, ob der Tunnel wohl voll mit Tang sei, der ihn umschlingen könnte. Er stieß sich in krampfhafter Panik ab, zog den Kopf ein und schwamm los. Seine Füße und Hände hatten freien Bewegungsraum wie im offenen Meer. Die Höhle mußte breiter geworden sein. Er glaubte recht schnell zu schwimmen, und hatte Angst, daß er sich, wenn der Tunnel sich verengte, den Kopf anschlagen könnte. Hundert, einhundertundeins ... Das Wasser wurde heller. Triumph erfüllte ihn. Seine Lungen begannen zu schmerzen. Einige weitere Schwimmstöße und er wäre draußen. Er zählte wie wild; einhundertfünfzehn und, nach einer Weile, noch mal einhundertfünfzehn. Das Wasser um ihn herum war von einem klaren Juwelengrün. Da entdeckte er über seinem Kopf einen Spalt, der den Felsen hinauflief. Sonnenlicht fiel herein, zeigte das glatte, dunkle Felsgestein des Tunnels, eine einzelne Muschelschale und weiter vorne Dunkelheit.

Er war am Ende seiner Kräfte. Er schaute hinauf zum Spalt, als wäre dieser mit Luft und nicht mit Wasser gefüllt, als könnte er seinen Mund daranlegen und Luft schnappen. Einhundertfünfzehn hörte er sich zählen – aber das hatte er schon vor langer Zeit gesagt. Er mußte weiter hinein in die Dunkelheit vor ihm, sonst würde er ertrinken. Sein Kopf schwoll, seine Lungen schienen zu bersten. Einhundertfünfzehn, einhundertfünfzehn hämmerte es in seinem Gehirn, er klammerte sich kraftlos an die Felswand im Dunkeln, zog sich vorwärts, hinter ihm blieb die kurze Strecke mit dem sonnendurchschienenen Wasser. Er spürte, daß er sterben würde. Er war nicht mehr ganz bei Bewußtsein. Er kämpfte sich in der Dunkelheit weiter, mit Anfällen von Bewußtlosigkeit. Ein ungeheurer anschwellender Schmerz tobte in seinem Kopf, und dann zerbarst die Dunkelheit in ein explodierendes grünes Licht. Seine vorwärtsgreifenden Hände trafen ins Leere, und seine Füße, die nach hinten ausstießen, trieben ihn hinaus aufs offene Meer.

Er kam an die Oberfläche, sein Gesicht tauchte aus dem Wasser hoch. Er schnappte nach Luft wie ein Fisch. Ihm war, als müßte er jetzt untergehen und ertrinken; als könnte er die wenigen Meter zurück zum Felsen nicht mehr schwimmen. Dann klammerte er sich an ihm fest und zog sich hoch. Er blieb mit dem Gesicht nach

unten liegen, keuchend. Er konnte nichts sehen als ein rotgeädertes, klumpiges Dunkel. Seine Augen mußten geplatzt sein, dachte er, mußten voller Blut sein. Er riß die Taucherbrille herunter, und ein Blutstrahl ergoß sich ins Meer. Seine Nase blutete, und das Blut hatte sich in der Taucherbrille angesammelt.
Er schöpfte einige Handvoll Wasser aus dem kühlen salzigen Meer, um es auf sein Gesicht zu spritzen, und wußte nicht, ob er Blut oder Salzwasser schmeckte. Nach einer Weile ging sein Herzschlag ruhiger, seine Augen sahen klarer, er richtete sich auf. Er konnte sehen, wie die einheimischen Jungen etwa einen Kilometer entfernt tauchten und herumtollten. Er wollte nicht bei ihnen sein. Er wollte nichts anderes, als nach Hause gehen und sich hinlegen.
Schnell schwamm Jerry zum Badestrand und stieg langsam den Weg zum Haus hinauf. Er warf sich auf sein Bett und schlief ein; er erwachte durch das Geräusch von Schritten auf dem Weg draußen. Seine Mutter kam zurück. Er huschte ins Badezimmer, sie mußte ja nicht sein blut- oder tränenverschmiertes Gesicht sehen. Er kam aus dem Badezimmer und begegnete ihr, als sie lächelnd das Haus betrat; ihre Augen leuchteten auf.
»Schönen Vormittag gehabt?« fragte sie und legte ihre Hand einen Augenblick lang auf seine warme braune Schulter.
»Och, ja, danke«, erwiderte er.
»Du siehst ein bißchen blaß aus.« Und dann schrill und ängstlich: »Wo hast du dir denn den Kopf aufgeschlagen?«
»Halt angestoßen«, antwortete er.
Sie warf ihm einen prüfenden Blick zu. Er sah abgespannt aus, seine Augen waren verschleiert. Sie machte sich Sorgen. Und dann sagte sie sich: Reg dich nicht auf! Es kann ja nichts passieren. Er schwimmt wie ein Fisch.
Sie setzten sich zum gemeinsamen Mittagessen.
»Mami«, sagte er, »ich kann zwei Minuten lang unter Wasser bleiben – also, mindestens drei Minuten.« Es sprudelte aus ihm heraus.
»Wirklich, Liebling?« sagte sie. »Nun, ich würde es nicht übertreiben. Ich glaube, heute solltest du nicht mehr schwimmen.«
Sie war auf einen Kampf gefaßt: Willen gegen Willen, aber er gab sofort nach. Es bedeutete ihm überhaupt nichts mehr, zu der Bucht zu gehen.

MARGARET ATWOOD

WENN ES PASSIERT

Mrs. Burridge macht grüne Essigtomaten ein. Es sind jedesmal zwölf Liter und ein kleiner Rest, und dann sind die Gläser alle. Im Laden wird ihr gesagt, in der Fabrik, wo sie hergestellt werden, würde gestreikt. Darüber weiß sie nichts, aber man kann nirgends welche kaufen, und auch vorher haben sie schon doppelt soviel gekostet wie letztes Jahr; sie kann von Glück sagen, daß sie diese noch im Keller hatte. Sie hat eine Menge grüne Tomaten, weil sie gestern abend im Wetterbericht gehört hat, daß strenger Frost erwartet wird, also hat sie Anorak und Arbeitshandschuhe angezogen und ist mit der Laterne in den stockdunklen Garten gegangen und hat alle abgepflückt, die sie sehen konnte, über hundert Liter. Sie kann die vollen Körbe selbst heben, aber sie hat Frank gebeten, sie ins Haus zu tragen; er brummt zwar, aber er mag es, wenn sie ihn bittet. Am Morgen hieß es in den Nachrichten, die Erzeuger seien schwer getroffen, und das würde den Preis in die Höhe treiben – nicht, daß die Erzeuger viel davon zu sehen kriegen, jeder weiß doch, daß die Geschäfte das Geld einstecken.

Sie kommt sich reicher vor als gestern, aber andererseits kann man mit grünen Tomaten nicht viel anfangen. Durch das Einmachen ist der Berg kaum kleiner geworden, und Frank hat wie jedes Jahr gesagt, daß sie nie und nimmer vierundzwanzig Gläser grüne Essigtomaten essen, sie beide allein, jetzt, wo die Kinder aus dem Haus sind. Außer wenn sie zu Besuch kommen und mir Küche und Keller leer essen, setzt Mrs. Burridge im stillen hinzu. In Wirklichkeit hat sie immer zweimal eingemacht, und die Kinder haben sie sowieso nie gemocht, es war Frank, der sie alle gegessen hat, und sie weiß genau, daß er es diesmal wieder tun wird, ohne es auch nur zu merken. Er ißt sie gern zum Käsebrot, wenn er sich im Fernsehen die Eishockeyspiele anschaut, bei der Reklame geht er jedesmal in die Küche und macht sich noch eine Scheibe, auch wenn er gerade ausgiebig gegessen hat, und hinterläßt eine Spur aus Brotkrümeln und Tomatenstückchen vom Küchentisch über den Boden und den

Wohnzimmerteppich bis zu seinem Sessel. Früher hat sich Mrs. Burridge immer darüber geärgert, besonders über die Krümel, aber jetzt beobachtet sie ihn mit einer Art Traurigkeit, sie hat früher einmal gemeint, ihr gemeinsames Leben würde ewig so weitergehen, aber ihr ist klargeworden, daß das nicht der Fall ist.
Sie hat nicht einmal mehr Lust, ihn wegen seines »Ersatzreifens« zu necken, auch wenn sie es trotzdem tut, weil ihm etwas fehlen würde, wenn sie es ließe. »Also wirklich«, sagte sie mit ihrer schroffen, abgehackten, metallischen Stimme, die sie nicht ändern kann, weil alle sie von ihr erwarten, denn wenn sie anders sprechen würde, dächten sie nur, sie wäre krank, »futter du nur weiter so, da werd' ich's leichthaben, dich morgens aus dem Bett zu kriegen, ich brauche dir nur einen kleinen Schubs zu geben, und schon rollst du wie ein Faß die Treppe runter.« Und er antwortet mit seiner bedächtigen Stimme, als wäre er träge, obwohl er das nicht ist: »Ein bißchen Spaß muß der Mensch doch haben«, als wären Essigtomaten und Käse etwas leicht Anrüchiges, fast wie eine Orgie. Jedes Jahr behauptet er, sie hätte zuviel eingemacht, aber was würde das für ein Theater geben, wenn er eines Tages in den Keller hinunterginge und kein Glas mehr da wäre.
Mrs. Burridge legt seit 1952 selbst Essigtomaten ein – das erste Jahr, in dem sie den Garten hatte. Sie kann sich so genau daran erinnern, weil ihre Tochter Sarah damals unterwegs war und sie Mühe hatte, sich beim Unkrautjäten zu bücken. Als sie jung war, machten alle Leute ihr Essiggemüse selbst ein und hatten auch sonst ihre eigenen Konserven und Vorräte. Aber nach dem Krieg hörten die meisten Frauen damit auf, man hatte mehr Geld, und es war einfacher, die Sachen im Laden zu kaufen. Mrs. Burridge hat nie damit aufgehört, obwohl die meisten ihrer Freundinnen fanden, daß sie ihre Zeit damit vergeudete, und jetzt ist sie froh darüber, sie ist in Übung geblieben, während die anderen es wieder ganz von vorn lernen mußten. Obwohl sie sich bei dem immer teurer werdenden Zucker nicht vorstellen kann, wie lange man sich die selbst eingemachten Sachen überhaupt noch leisten kann.
Auf dem Papier verdient Frank mehr Geld denn je; trotzdem haben sie, wie es scheint, weniger zum Ausgeben. Sie könnten die Farm vermutlich jederzeit verkaufen, an Leute aus der Stadt, die sie als

Wochenendwohnung benutzen würden. Sie könnten einen Preis dafür kriegen, der ihr sehr hoch vorkommt, mehrere der Farmen südlich von ihnen sind so weggegangen. Aber Mrs. Burridge hat kein großes Vertrauen zum Geld; außerdem wäre es schade um das Land, und hier ist ihr Zuhause, sie hat alles so eingerichtet, wie sie es haben will.

Als der zweite Topf auf dem Herd steht und kocht, geht sie zur Hintertür, macht sie auf und steht da, die Arme über dem Bauch verschränkt, und sieht hinaus. Sie ertappt sich dabei, daß sie das neuerdings vier- oder fünfmal am Tag tut, und sie weiß nicht genau, warum. Es gibt da nicht viel zu sehen, nur die Scheune und das hintere Feld mit der Reihe abgestorbener Ulmen, die Frank, wie er immer wieder sagt, fällen will, und die Spitze von Clarkes Haus, die über den Hügel ragt. Sie weiß nicht recht, wonach sie ausschaut, aber sie hat die seltsame Vorstellung, daß sie vielleicht etwas brennen sieht, Rauch, der am Horizont aufsteigt, eine Rauchsäule oder vielleicht mehr als nur eine, weiter im Süden. Das ist ein so sonderbarer Gedanke für sie, daß sie noch keinem davon erzählt hat. Gestern hat Frank sie in der Hintertür stehen sehen und sie beim Essen danach gefragt. Alles, worüber er mit ihr sprechen will, spart er sich bis zum Abendessen auf, auch wenn es ihm am Morgen einfällt. Er hat sich gewundert, warum sie länger als zehn Minuten in der Hintertür stand, ohne etwas zu tun, und Mrs. Burridge hat mit einer Lüge geantwortet, aber ihr war sehr unbehaglich dabei. Sie hat gesagt, sie hätte einen fremden Hund bellen hören, keine gute Ausrede, denn ihre eigenen Hunde waren in der Nähe gewesen und hatten nichts gemerkt. Aber Frank ließ es gelten; vielleicht denkt er, sie wird auf ihre alten Tage allmählich wunderlich und will die Aufmerksamkeit nicht darauf lenken, das sähe ihm ähnlich. Er verdreckt ihren schönen glänzenden Küchenfußboden zwar mit Matsch, aber er würde um keinen Preis jemanden kränken wollen. Mrs. Burridge stellt ein bißchen wehmütig fest, daß er trotz seiner Sturheit ein herzensguter und liebenswerter Mann ist, und für sie ist das wie eine Absage an einen langgehegten, nie in Frage gestellten Glauben – so wie den, daß die Erde eine Scheibe ist. Sie hat sich so oft über ihn ärgern müssen.

Als die Gläser abgekühlt sind, versieht sie sie wie immer mit Etiketten, auf denen Inhalt und Datum steht, und trägt sie die Kellertreppe hinunter. Der Keller ist von der alten Art, mit Wänden aus Stein und einem Lehmboden. Mrs. Burridge hat gern alles ordentlich, sie bügelt auch ihre Bettwäsche noch – deshalb hat sie sich gleich nach der Hochzeit von Frank ein paar Regale bauen lassen. Das eingelegte Gemüse kommt auf die eine Seite, Marmelade und Gelee stehen auf der anderen und die Litergläser mit dem Eingemachten im untersten Fach. Früher hat es ihr ein Gefühl von Sicherheit gegeben, all diese Vorräte im Keller zu haben; sie dachte dann bei sich: Wenn einmal ein Schneesturm kommt oder so und wir von der Außenwelt abgeschnitten sind, ist das nicht so schlimm. Jetzt gibt es ihr kein Gefühl von Sicherheit mehr. Statt dessen denkt sie daran, daß sie, wenn sie einmal plötzlich weg muß, keines von den Gläsern mitnehmen kann, sie sind zu schwer zum Tragen.

Sie kommt nach dem letzten Gang die Treppe herauf. Es fällt ihr nicht mehr so leicht wie früher, ihr Knie plagt sie noch immer, seit sie vor sechs Jahren gestürzt ist, sie ist auf der zweitletzten Stufe gestolpert. Sie hat Frank tausendmal gebeten, die Treppe zu reparieren, aber er hat es nicht getan – das meint sie mit stur. Wenn sie ihn öfter als zweimal bittet, etwas zu tun, nennt er das Meckern, und vielleicht ist es das auch, aber wer soll es tun, wenn nicht er? Das kalte, leere Loch hinter dieser Frage kann sie nicht ertragen.

Sie muß sich bezwingen, nicht wieder zur Hintertür zu gehen. Statt dessen tritt sie an das Fenster nach hinten und sieht hinaus, von dort kann sie ohnehin fast dasselbe sehen. Frank geht zur Scheune hinüber, er trägt etwas, was wie ein Schraubenschlüssel aussieht. Die Art, wie er geht, langsamer als früher, leicht nach vorn gebeugt – von hinten sieht er aus wie ein alter Mann, wie viele Jahre geht er schon so? –, läßt sie denken: *Er kann mich nicht beschützen*. Sie denkt das nicht absichtlich, es kommt ihr einfach so in den Sinn, und es ist nicht nur er, sie alle sind so, sie haben die Kraft verloren, man sieht es an der Art, wie sie gehen. Alle warten sie, genau wie Mrs. Burridge, darauf, daß passiert, was immer es auch sein wird. Ob es ihnen bewußt ist oder nicht. In letzter Zeit, wenn sie zum Dominion Store in die Stadt gefahren ist, hat sie auf den Gesichtern der Frauen dort einen Ausdruck gesehen – sie kennt die meisten, sie kann sich nicht täuschen –, einen ängstlichen, verschlossenen Ausdruck, als fürchteten sie sich vor etwas, worüber sie aber nicht sprechen wollen. Sie überlegen, was sie tun werden, vielleicht glauben sie, daß sie gar nichts tun können. Dieser Ausdruck von Hilflosigkeit erbittert Mrs. Burridge, die immer praktisch gedacht hat.

Schon seit Wochen will sie mit Frank sprechen und ihn bitten, ihr zu zeigen, wie man mit dem Gewehr umgeht. Genaugenommen hat er zwei Waffen, eine Schrotflinte und ein Kleinkalibergewehr; er hat im Herbst immer gern ein paar Enten gejagt, und dann sind da die Waldmurmeltiere, die man wegen der Löcher abschießen muß, die sie auf den Feldern machen. Frank fährt fünf- oder sechsmal im Jahr mit dem Traktor drüber. Immer wieder gibt es Verletzte, weil Traktoren umkippen. Aber sie kann ihn nicht bitten, weil sie ihm nicht erklären kann, warum sie es wissen muß, und wenn sie es nicht erklärt, wird er sie nur aufziehen. »Schießen kann doch jeder«, wird er sagen, »man braucht nur den Finger krumm zu machen, sonst nichts ... ach so, du meinst, du willst auch treffen, tja, das ist was andres, wen willst du denn umbringen?« Vielleicht sagt er das auch nicht; vielleicht ist das nur die Art, wie er vor zwanzig Jahren geredet hat, bevor sie aufgehört hat, sich für Dinge außerhalb des Hauses zu interessieren. Aber Mrs. Burridge wird das nie erfahren, weil sie nicht fragen wird. Sie bringt es nicht über sich zu sagen: *Vielleicht stirbst du. Vielleicht gehst du fort, irgendwohin, wenn es passiert, vielleicht gibt es Krieg.* Sie kann sich an den letzten Krieg erinnern.

Nichts hat sich draußen vor dem Fenster verändert, deshalb wendet sie sich ab und setzt sich an den Küchentisch, um ihre Einkaufsliste aufzustellen. Morgen ist der Tag, an dem sie in die Stadt fahren. Sie versucht, den Tag so zu planen, daß sie sich zwischendurch hinsetzen kann, sonst schwellen ihre Füße an. Das hat bei Sarah angefangen, ist bei den zwei anderen Kindern schlimmer geworden und hat sich nie wieder richtig gegeben. Ihr Leben lang, seit sie verheiratet ist, hat sie Listen von Dingen gemacht, die gekauft, genäht, gepflanzt, gekocht, bevorratet werden müssen; sie hat schon ihre Liste für das nächste Weihnachten fertig, alle Namen und die Geschenke, die sie für jeden kaufen will, und die Liste mit allem, was sie für das Weihnachtsessen braucht. Aber sie kann sich nicht richtig dafür erwärmen, es ist zu weit weg. Sie kann nicht an eine ferne Zukunft

glauben, die geordnet ist wie die Vergangenheit, sie scheint nicht mehr die Kraft dafür zu haben; es ist, als ob sie sie für den Moment aufspart, wenn sie sie brauchen wird.
Sogar mit der Einkaufsliste hat sie Schwierigkeiten. Statt sich auf den Zettel zu konzentrieren – sie schreibt auf die Rückseite der abgerissenen Blätter des Kalenders, den Frank ihr jedes Jahr zu Neujahr schenkt –, schaut sie sich in der Küche um, betrachtet all die Dinge, die sie zurücklassen muß, wenn sie fortgeht. Das wird das schwerste sein. Das Porzellan von ihrer Mutter, ihr Silberbesteck, obwohl das Muster altmodisch und das Silber abgegriffen ist, die Eieruhr in Form eines Huhns, die Sarah ihr geschenkt hat, als sie zwölf war, die Salz- und Pfefferstreuer aus Keramik, grüne Pferde mit durchlöcherten Köpfen, die eins der anderen Kinder von der Messe mitgebracht hat. Sie denkt daran, die Treppe hinaufzugehen, denkt an die Laken, die gefaltet in der Kommode liegen, an die ordentlich in den Regalen gestapelten Handtücher, an die gemachten Betten, die Quiltdecke, die ihrer Großmutter gehörte, und sie möchte weinen. Auf ihrem Schreibtisch das Hochzeitsbild, sie in einem glänzenden Satinkleid (der Satin war ein Fehler gewesen, er hatte ihre Hüften betont), Frank in dem Anzug, den er seither nicht mehr getragen hat, außer bei Beerdigungen, das Haar an den Seiten zu kurz geschnitten, oben mit einem überraschenden Schopf wie ein Specht. Die Kinder, als sie klein waren. Jetzt denkt sie an ihre Töchter und hofft, daß sie keine Kinder bekommen; es ist nicht mehr die richtige Zeit dafür.
Mrs. Burridge wünscht sich, jemand würde etwas Genaueres sagen, damit sie besser planen kann. Jeder weiß, daß etwas passieren wird, man merkt es beim Zeitunglesen und Fernsehen, aber keiner weiß genau, was es sein wird, keiner kann es mit Sicherheit sagen. Sie hat aber ihre eigenen Vorstellungen davon. Zuerst wird es einfach ruhiger werden. Sie wird das komische Gefühl haben, daß irgend etwas nicht stimmt, aber es wird ein paar Tage dauern, bis sie es erfassen kann. Dann wird sie feststellen, daß die Flugzeuge nicht mehr in Richtung Malton Airport über sie hinwegfliegen und daß die Geräusche von der drei Kilometer entfernten Autostraße fast verschwunden sind, die man deutlich hört, wenn die Bäume ihr Laub verloren haben. Das Fernsehen wird kein Wort darüber ver-

lauten lassen, ja, das Fernsehen, das jetzt voll ist von schlimmen Nachrichten, von Streiks, Rohstoffknappheit, Hungersnöten, Arbeitslosigkeit und Preissteigerungen, wird sanftmütig werden und beschwichtigen, und im Radio wird es viel klassische Musik geben. Dann etwa wird Mrs. Burridge merken, daß die Nachrichten zensiert werden, wie während des Krieges.

Mrs. Burridge ist sich nicht sicher, was als nächstes geschehen wird; das heißt, sie weiß, was geschehen wird, aber sie ist sich nicht sicher über die Reihenfolge. Sie vermutet, daß es Benzin und Öl sein werden: Der Mann, der das Öl liefert, wird einfach nicht zur gewohnten Zeit vorbeikommen, und eines Morgens wird die Tankstelle an der Ecke geschlossen sein. Nur das, keine Erklärungen, denn natürlich wollen sie – sie weiß nicht, wer »sie« sind, aber sie glaubt seit jeher an ihre Existenz –, sie wollen nicht, daß die Leute in Panik geraten. Sie bemühen sich weiter, alles normal erscheinen zu lassen, womöglich haben sie mit diesem Programm schon begonnen, und das ist der Grund, weshalb alles noch normal erscheint. Zum Glück haben sie und Frank den Dieseltank im Schuppen, er ist dreiviertel voll, und sie brauchen die Tankstelle sowieso nicht, sie haben ihre eigene Benzinpumpe. Sie läßt Frank den alten Holzherd hereinholen, den sie unter der Scheune abgestellt haben, als sie sich den Heizkessel einbauen und die elektrische Leitung legen ließen, und dieses eine Mal dankt sie dem Himmel für Franks Angewohnheit, Dinge aufzuschieben. Sie hat ihm jahrelang in den Ohren gelegen, den Herd auf die Müllkippe zu bringen. Er fällt die abgestorbenen Ulmen, endlich, und sie verheizen sie im Herd.

Die Telefonleitungen reißen bei einem Sturm, und keiner kommt sie reparieren; so zumindest folgert Mrs. Burridge. Jedenfalls ist das Telefon tot. Mrs. Burridge macht es nichts weiter aus, sie hat das Telefon sowieso nie gern benutzt, aber es gibt ihr doch das Gefühl, abgeschnitten zu sein.

Ungefähr zu dieser Zeit erscheinen immer wieder Männer auf der hinteren Straße, der Schotterstraße, die am Tor vorbeiführt, in der Regel gehen sie allein, manchmal zu zweit. Sie scheinen in Richtung Norden unterwegs zu sein. Die meisten sind jung, in den Zwanzigern, würde Mrs. Burridge schätzen. Sie sind nicht gekleidet wie die Männer hier in der Gegend. Es ist so lange her, seit sie jemand auf dieser Straße *gehen* sah, daß sie unruhig wird. Sie macht jetzt die Hunde los, sie hatte sie nachts immer angekettet, seit einer von ihnen an einem frühen Sonntagmorgen einen Zeugen Jehovas gebissen hatte. Mrs. Burridge hat nichts mit den Zeugen Jehovas im Sinn – sie gehört der Staatskirche an –, aber sie achtet ihre Beharrlichkeit, zumindest haben sie den Mut, zu ihren Überzeugungen zu stehen, was mehr ist, als man von manchen Mitgliedern ihrer eigenen Kirche sagen kann, und sie kauft immer einen *Wachtturm*. Vielleicht haben sie die ganze Zeit über recht gehabt.

Etwa um diese Zeit nimmt sie auch eines der Gewehre, sie denkt, daß es die Schrotflinte sein wird, weil sie damit eine größere Chance hat, etwas zu treffen, und versteckt sie mit den Patronen unter einem Stück Dachpappe hinter der Scheune. Sie sagt Frank nichts; er wird das Kleinkalibergewehr nehmen. Sie hat den Platz schon ausgesucht.

Sie wollen das bißchen Benzin, das sie noch haben, nicht verschwenden, deshalb machen sie keine unnötigen Fahrten. Sie fangen an, die Hühner zu essen, etwas, worauf Mrs. Burridge sich nicht freut. Sie haßt das Ausnehmen und Rupfen, und den größten Zorn auf Frank überhaupt hatte sie damals, als er und Henry Clarke beschlossen, in die Truthahnzucht einzusteigen. Sie taten es, trotz allem, was sie dagegen einzuwenden hatte, und sie mußte dann mit den Truthähnen fertig werden, die ausbrachen und ihr den Garten zerscharrten und nicht zu fangen waren, in ihren Augen waren es die dümmsten Vögel, die Gott geschaffen hatte, und sie mußte einmal in der Woche einen Truthahn rupfen und ausnehmen, bis glücklicherweise die Truthahnpest ein Drittel der Tiere ausrottete, was reichte, um die beiden Männer so zu entmutigen, daß sie den Rest mit Verlust verkauften. Es war das einzige Mal, daß sie richtig froh darüber war, zu erleben, wie Frank bei einem seiner Experimente Geld verlor.

An dem Tag, an dem der elektrische Strom ausfällt und nicht mehr wiederkommt, wird Mrs. Burridge das Gefühl haben, daß es nun ernst wird. Mit einer Art Fatalismus weiß sie, daß das im November geschehen wird, wenn die Tiefkühltruhe voller Gemüse ist, aber noch bevor es kalt genug ist, die Packungen draußen gefroren aufzubewahren. Sie steht da und betrachtet die Plastikbeutel mit

Bohnen und Mais und Spinat und Karotten, wie sie tauen und aufweichen, und denkt: Warum konnten sie nicht bis zum Frühjahr warten? Die Verschwendung von Nahrung und auch von ihrer harten Arbeit erbittert sie am allermeisten. Sie rettet, was sie kann. Während der Wirtschaftskrise, erinnerte sie sich, hieß es immer, die Leute auf dem Land seien besser dran als die in der Stadt, weil sie zumindest zu essen hatten; das heißt, sofern sie ihre Farm halten konnten, aber sie ist nicht mehr so sicher, daß das stimmt. Sie fühlt sich belagert, isoliert, wie jemand, der in einer Festung eingeschlossen ist, obwohl niemand sie belästigt hat, tatsächlich ist seit Tagen niemand bei ihnen vorbeigekommen, auch keiner der einsamen Wanderer.

Ohne Elektrizität können sie dann auch kein Fernsehen mehr empfangen. Die Rundfunkstationen bringen, sofern sie überhaupt senden, nur Musik, die Mrs. Burridge nicht im mindesten beruhigend findet.

Eines Morgens geht sie zur Hintertür und sieht hinaus, und da sind die Rauchsäulen, genau da, wo sie sie zu sehen erwartet hat, weit im Süden. Sie ruft Frank, und sie stehen da und schauen. Der Rauch ist dick und schwarz, ölig, als ob etwas explodiert wäre. Sie weiß nicht, was Frank denkt; sie selbst sorgt sich um die Kinder. Seit Wochen hat sie keine Nachricht von ihnen, aber wie sollte sie auch. Schon seit einiger Zeit wird keine Post mehr zugestellt.

Eine Viertelstunde später fährt Henry Clarke mit seinem Halbtonner in den Hof. Das ist sehr ungewöhnlich, denn in der letzten Zeit ist niemand mehr irgendwohin gefahren. Ein anderer Mann ist bei ihm, und Mrs. Burridge erkennt in ihm den Mann, der vor vier oder fünf Jahren drei Farmen weiter eingezogen ist. Frank geht hinaus und spricht mit ihnen, und sie fahren hinüber zur Benzinpumpe und fangen an, den Rest des kostbaren Benzins in den Lastwagen zu pumpen. Frank kommt zurück zum Haus. Er sagt ihr, daß weiter unten an der Straße irgend etwas nicht stimmt, sie wollen hinfahren und nachsehen, und sie soll sich keine Sorgen machen. Er geht ins hintere Zimmer, kommt mit dem Kleinkalibergewehr heraus, fragt, wo die Schrotflinte ist. Sie sagt, sie wisse es nicht. Er sucht danach, vergeblich – sie hört ihn fluchen, er flucht nicht in ihrer Gegenwart –, bis er aufgibt. Er kommt heraus, küßt sie zum Abschied, was auch ungewöhnlich ist, und sagt, er werde in ein paar Stunden zurück sein. Sie sieht zu, wie die drei in Henry Clarkes Lieferwagen wegfahren, in Richtung Rauch; sie weiß, daß er nicht zurückkommen wird. Sie meint, es müßte ihr mehr ausmachen, aber sie ist gut vorbereitet, sie hat ihm im stillen schon jahrelang Lebewohl gesagt.

Sie geht wieder ins Haus und schließt die Tür. Sie ist einundfünfzig, ihre Füße tun weh, und sie weiß nicht, wo sie hin soll, aber ihr ist klar, daß sie nicht hierbleiben kann. Es wird jetzt viele hungrige Menschen geben, und diejenigen, die es so weit aus den Städten hinaus schaffen, werden jung und zäh sein, ihr Haus ist ein Leuchtturm, der Wärme und Essen signalisiert. Es wird umkämpft werden, aber nicht von ihr.

Sie geht nach oben, sucht im Schrank und zieht ihre derbe Hose und die beiden dicksten Pullover an. Unten sucht sie alle Lebensmittel zusammen, die leicht genug sind, daß sie sie tragen kann, Rosinen, Blockschokolade, getrocknete Pflaumen und Aprikosen, einen halben Laib Brot, etwas Milchpulver, das sie in einen Gefrierbeutel füllt, ein Stück Käse. Dann holt sie die Schrotflinte hinter der Scheune hervor. Sie denkt einen Moment daran, die Tiere zu töten, die Hühne, die Jungkühe und das Schwein, damit es später nicht jemand tut, der nicht weiß, wie man es macht; aber sie weiß selbst nicht, wie man es richtig macht, sie hat noch nie im Leben etwas getötet, Frank hat das immer getan, deshalb begnügt sie sich damit, die Tür zum Hühnerhaus und das Gatter zum hinteren Feld zu öffnen. Sie hofft, daß die Tiere fortlaufen, aber sie weiß, daß sie es wahrscheinlich nicht tun werden.

Sie sieht sich ein letztes Mal im Haus um. Nachträglich steckt sie noch ihre Zahnbürste in das Bündel: Sie mag das Gefühl von ungeputzten Zähnen nicht. Sie geht nicht in den Keller hinunter, aber sie hat ein Bild vor Augen: ihre sorgfältig verschlossenen Flaschen und Gläser, rot und gelb und purpurn, zerbrochen auf dem Boden, in einer klebrigen Pfütze, die wie Blut aussieht. Die, die kommen, werden verschwenderisch sein, was sie nicht selbst essen können, werden sie vernichten. Sie denkt daran, das Haus selbst anzuzünden, bevor jemand anderes es tun kann.

Mrs. Burridge sitzt an ihrem Küchentisch. Auf die Rückseite des

Kalenderblattes, es ist von einem Montag, hat sie *Haferflocken* geschrieben, in ihrer gleichmäßigen Schulmädchenschrift, für die sie immer eine gute Note bekam und die sich seither kaum verändert hat. Die Hunde sind ein Problem. Nach einigem Überlegen kettet sie sie los, aber sie läßt sie nicht weiter als bis zum Tor: sie könnten sie in einem entscheidenden Moment verraten. Sie geht in ihren schweren Stiefeln nach Norden und trägt den Anorak über dem Arm, weil es noch nicht kalt genug ist, ihn anzuziehen, sowie das Paket mit Nahrungsmitteln und die Schrotflinte, die sie vorsorglich geladen hat. Sie kommt am Friedhof vorbei, wo ihr Vater und ihre Mutter, ihre Großmutter und ihr Großvater begraben sind; früher stand hier die Kirche, aber sie ist vor sechzehn Jahren abgebrannt und dichter an der Autostraße wiederaufgebaut worden. Franks Verwandte liegen auf dem anderen Friedhof, bei ihm geht es zurück bis zum Urgroßvater, aber sie sind Anglikaner, was ihm jedoch nichts mehr bedeutet. Außer ihr ist niemand auf der Straße; sie kommt sich ein bißchen lächerlich vor. Was, wenn sie sich irrt und Frank doch zurückkommt, was, wenn in Wirklichkeit gar nichts los ist? *Backfett* schreibt sie. Sie hat vor, einen Zitronenschaumkuchen für Sonntag zu machen, wenn zwei der Kinder zum Essen aus der Stadt kommen.

Es ist fast Abend, und Mrs. Burridge ist müde. Sie ist in einer Gegend, an die sie sich nicht erinnern kann, obwohl sie auf derselben Straße geblieben ist und es eine Straße ist, die sie gut kennt; sie ist sie viele Male mit Frank gefahren. Aber gehen ist nicht dasselbe wie fahren. Auf der einen Seite ist ein Feld, keine Häuser, auf der anderen ein Waldstück; ein Bach fließt durch ein Kanalrohr unter der Straße hindurch. Mrs. Burridge kniet sich hin, um zu trinken: Das Wasser ist eiskalt und schmeckt nach Eisen. Später wird es Frost geben, das spürt sie. Sie zieht den Anorak und die Handschuhe an und biegt in den Wald ein, wo man sie nicht sehen kann. Dort wird sie ein paar Rosinen und etwas Käse essen und versuchen, sich auszuruhen, während sie darauf wartet, daß der Mond aufgeht, damit sie weiterwandern kann. Jetzt ist es ganz dunkel. Sie riecht Erde, Holz, faulendes Laub. Plötzlich wird ihr Blick von einem roten Flackern eingefangen, und bevor sie umkehren kann – wie kann das so schnell passieren? –, nimmt es Form an, es ist ein

kleines Feuer, weiter rechts, und zwei Männer kauern daneben. Sie haben sie auch gesehen: Einer von ihnen steht auf und kommt auf sie zu. Er lächelt und zeigt die Zähne; er denkt, es wird leicht sein mit ihr, einer alten Frau. Er sagt etwas, aber sie kann sich nicht vorstellen, was er sagt, sie weiß nicht, wie Leute reden, die so angezogen sind.
Sie haben ihre Flinte entdeckt, ihre Augen sind darauf geheftet, sie wollen sie. Mrs. Burridge weiß, was sie tun muß. Sie muß warten, bis sie nahe genug heran sind, dann muß sie die Flinte heben und die beiden Männer erschießen – ein Lauf für jeden –, und sie muß auf die Gesichter zielen. Sonst werden die Männer sie töten, daran zweifelt sie nicht. Sie wird schnell sein müssen, was sehr schlimm ist, weil ihre Hände sich dick und hölzern anfühlen. Sie hat Angst, sie will den lauten Knall und auch das rote Bersten nicht, das folgen wird, sie hat noch nie in ihrem Leben getötet. Sie hat keine Vorstellung, wie es danach weitergeht. Man weiß nie, wie man sich in so einer Lage verhält, bis es tatsächlich passiert.
Mrs. Burridge schaut auf die Küchenuhr. Auf ihre Liste schreibt sie *Käse*, sie essen jetzt mehr Käse als früher, wegen der Fleischpreise. Sie steht auf und geht zur Küchentür.

RAY BRADBURY

DAS KINDERZIMMER

»George, ich möchte gern, daß du dir mal das Kinderzimmer ansiehst.«
»Stimmt etwas nicht damit?«
»Ich weiß nicht.«
»Na also.«
»Ich möchte nur, daß du es dir einmal ansiehst, das ist alles – oder einen Psychologen zuziehst, damit der es prüft.«
»Was sollte wohl ein Psychologe mit einem Kinderzimmer anfangen?«
»Du weißt sehr gut, daß er etwas tun kann.« Seine Frau blieb in der Mitte der Küche stehen und blickte zum Herd hinüber, der geschäftig summend selbsttätig das Abendessen für vier Personen zubereitete.
»Ich meine nur, das Kinderzimmer ist jetzt einfach ganz anders als früher.«
»Also gut, laß uns einen Blick hineinwerfen.«
Sie gingen den Korridor ihres schalldichten ›Lebensglück-Hauses‹ hinunter, das sie, fertig eingerichtet, dreißigtausend Dollar gekostet hatte, dieses Haus, das sie ankleidete und fütterte, sie in den Schlaf wiegte und sang und gut zu ihnen war. Ihre Annäherung ließ irgendwo einen Kontakt ansprechen, und das Licht im Kinderzimmer ging an, als sie noch etwa drei Meter davor waren. Auf ähnliche Weise hatte während ihres Ganges durch die Korridore eine lautlose Automatik die Lampen vor und hinter ihnen an- und ausgeschaltet.
»Nun«, sagte George Hadley.
Sie standen auf dem mit Strohmatten ausgelegten Fußboden des Kinderzimmers. Es war etwa zwölf mal zwölf Meter groß und neun Meter hoch; es hatte noch einmal halb so viel gekostet wie das ganze übrige Haus. Aber »nichts ist zu gut für unsere Kinder«, hatte George gesagt.
Das Kinderzimmer war stumm. Es war leer wie eine Lichtung im

Dschungel an einem heißen Mittag. Die Wände waren massiv und zweidimensional. Doch jetzt, während George und Lydia Hadley in der Mitte des Raumes standen, begannen die Wände zu surren und sich scheinbar in kristallklare Weite aufzulösen, und langsam erschien vor ihren Augen eine afrikanische Steppe, dreidimensional nach allen Seiten, farbig und vollkommen natürlich bis zum letzten Kieselstein und Grashalm. Die Decke über ihnen wurde zu einem unendlichen Himmel mit einer heißen gelben Sonne.

George Hadley fühlte den Schweiß auf seiner Stirn ausbrechen.

»Laß uns wieder hinausgehen«, sagte er. »Diese Sonne ist mir etwas zu wirklich. Aber sonst finde ich nichts daran auszusetzen.«

»Bleib noch einen Augenblick, du wirst's schon sehen«, erwiderte seine Frau.

Die verborgenen Odorophone begannen jetzt den beiden in der Mitte der ausgedörrten Steppe stehenden Menschen Gerüche entgegenzublasen: den heißen, strohigen Geruch trockenen Grases, den Duft nach kühlem Grün von dem versteckten Wasserloch, die strenge, harte Ausdünstung von Tieren – und der Geruch nach Staub, wie von rotem Paprika, hing in der hitzeflimmernden Luft. Und dann die Geräusche: das dumpfe Dröhnen von Antilopenhufen in der Ferne, das papierartige Rauschen von Geierschwingen. Ein Schatten zog durch den Himmel. Der Schatten strich über George Hadleys nach oben gerichtetes, schweißbedecktes Gesicht.

»Scheußliche Tiere«, hört er seine Frau sagen.

»Aasgeier.«

»Siehst du, dort sind die Löwen, weit hinten, dort drüben. Sie gehen gerade zum Wasserloch hinüber. Sie haben eben gefressen«, sagte Lydia. »Ich weiß nur nicht, was.«

»Irgendein Tier.« George Hadley hob die Hand, um seine zusammengekniffenen Augen gegen das beißende Licht zu beschirmen. »Ein Zebra vielleicht oder eine junge Giraffe.«

»Bist du sicher?« Die Stimme seiner Frau klang merkwürdig gespannt.

»Nein, um es genau sagen zu können, ist es ein bißchen zu spät«, antwortete er amüsiert. »Nichts mehr zu sehen als abgenagte Knochen und Aasgeier, die sich auf die Reste stürzen.«

»Hast du den Schrei gehört?« fragte sie.
»Nein.«
»Vor ungefähr ein paar Minuten?«
»Tut mir leid, nein.«
Die Löwen kamen auf sie zu. Und wieder verspürte George Hadley grenzenlose Bewunderung für das Genie des Mannes, der dieses Zimmer erdacht hatte. Ein Wunder an physikalisch-technischen Funktionen für einen lächerlich geringen Preis. Jede Familie sollte so ein Zimmer besitzen. Nun ja, gelegentlich erschreckte es einen mit seiner klinischen Genauigkeit, ängstigte einen und ließ die Haare zu Berge stehen, doch die meiste Zeit bot es einen gewaltigen Spaß – nicht nur für den Sohn und die Tochter, sondern auch für einen selbst, wenn man das Bedürfnis nach einem Tapetenwechsel verspürte, einer kleinen Spritztour in ein fremdes Land. Bitte sehr, hier war es!
Und hier waren jetzt die Löwen, etwa fünf Meter entfernt und so wirklich, so beängstigend und erstaunlich wirklich, daß man ihr Fell an den Händen prickeln zu spüren glaubte und die Kehle von dem staubigen Raubtiergeruch ihrer erhitzen Pelze wie verstopft war. Ihr leuchtendes Gelbbraun hatte die Farbe feiner französischer Wandteppiche, das Gelbbraun von Löwen und Steppengras, und das knurrende Atmen der Tiere klang wie gedämpftes Gezeitenrollen durch den stillen Mittag, während der Geruch rohen Fleisches aus ihren hechelnden, geifernden Rachen zu ihnen herüberwehte.
Die Löwen standen da und starrten George und Lydia Hadley aus furchterregenden grüngelben Augen an.
»Paß auf!« schrie Lydia.
Die Löwen kamen auf sie zugelaufen.
Lydia fuhr herum und rannte. George sprang instinktiv hinter ihr her. Draußen im Korridor, als sie die Tür hinter sich zugeschlagen hatten, stand sie weinend und er lachend da, und beide waren entsetzt über die Reaktion des anderen.
»George!«
»Lydia! Oh, meine liebe, arme, süße Lydia!«
»Sie haben uns beinahe erwischt!«
»Schemen, Lydia, vergiß das nicht; nichts als Schemen. Nun ja, ich

muß zugeben, daß sie sehr echt aussehen – Afrika in der eigenen Wohnung –, aber das sind alles nur dimensionale Superreaktionen, höchstempfindlicher Farbfilm und auf Band aufgezeichnete geistige Vorstellungen hinter Glasscheiben. Odorophone und Geräuschkulissen, Lydia. Hier, nimm mein Taschentuch.«

»Ich habe Angst.« Sie trat zu ihm, preßte sich gegen seinen Körper und weinte unablässig. »Hast du's nicht gesehen? Hast du's nicht *gefühlt*? Es ist einfach zu echt.«

»Bitte, Lydia ...«

»Du mußt Wendy und Peter sagen, daß sie nichts mehr über Afrika lesen dürfen.«

»Selbstverständlich – selbstverständlich.« Er streichelte sie beruhigend.

»Versprichst du's mir?«

»Gewiß doch.«

»Und du mußt das Kinderzimmer für ein paar Tage abschließen, bis meine Nerven sich wieder beruhigt haben.«

»Du weißt, wie widerspenstig Peter in dieser Sache ist. Als ich ihn vor einem Monat damit bestrafte, das Kinderzimmer nur für ein paar Stunden abzuschließen – wie er sich da aufgeführt hat! Und Wendy auch. Das Kinderzimmer ist ihr ein und alles.«

»Es muß abgeschlossen werden, etwas anderes kommt nicht in Frage.«

»Also gut.« Widerwillig schloß er die mächtige Tür ab. »Du hast zu viel gearbeitet. Du brauchst Erholung.«

»Ich weiß nicht – ich weiß nicht«, erwiderte sie, schnaubte sich die Nase und setzte sich in einen Stuhl, der sofort zu schaukeln und sie zu beruhigen begann. »Vielleicht habe ich einfach nicht genug zu tun. Vielleicht habe ich zu viel Zeit zum Nachdenken. Warum schließen wir nicht das ganze Haus ein paar Tage ab und machen Ferien?«

»Du meinst, du möchtest für mich das Essen kochen?«

»Ja.« Sie nickte.

»Und meine Socken stopfen?«

»Ja.« Ungestüm nickend, sah sie ihn aus tränenden Augen an.

»Und das Haus saubermachen?«

»Ja, ja – oh ja!«

»Aber ich denke doch, wir haben dieses Haus gerade deshalb gekauft, damit wir nichts selbst zu tun brauchen?«
»Das ist es eben. Ich komme mir vor, als ob ich nicht hierher gehöre. Das Haus ist jetzt Hausfrau, Mutter und Kindermädchen. Kann ich mit einer afrikanischen Steppe konkurrieren? Kann ich die Kinder so gründlich und schnell baden und abschrubben, wie es unser automatisches Bad tut? Ich kann es nicht. Und mir geht es nicht allein so. Auch dir. Du bist in letzter Zeit schrecklich nervös.«
»Ich nehme an, ich habe zuviel geraucht.«
»Du siehst aus, als ob du auch nicht wüßtest, was du mit dir in diesem Haus anfangen sollst. Jeden Vormittag rauchst du etwas mehr, jeden Nachmittag trinkst du etwas mehr, und jeden Abend brauchst du etwas mehr Schlafmittel. Du beginnst auch, dich überflüssig zu fühlen.«
»Tu ich das?« Er machte eine Pause und versuchte in sich hineinzuschauen, um zu erkennen, was wirklich in ihm vorging.
»Oh, George!« Sie blickte an ihm vorbei auf die Tür des Kinderzimmers. »Diese Löwen können doch nicht dort heraus, nicht wahr?«
Er wandte den Kopf und sah die Tür erzittern, als ob irgend etwas von der anderen Seite dagegenspränge.
»Natürlich nicht«, erwiderte er.

Beim Abendessen blieben sie allein, denn Wendy und Peter besuchten eine plastische Sonderschau im Vergnügungspark am anderen Ende der Stadt und hatten über das Fernsehtelephon Bescheid gesagt, sie würden später kommen und die Eltern sollten ruhig schon zu essen beginnen. So saß George Hadley grübelnd am Eßzimmertisch und sah zu, wie aus dessen technischen Eingeweiden Teller mit warmen Gerichten an der Oberfläche erschienen.
»Wir haben das Ketchup vergessen«, sagte er.
»Verzeihung«, antwortete eine dünne Stimme aus dem Tisch, und eine Flasche mit Ketchup tauchte auf.
Den Kindern, dachte George Hadley, würde es nicht schaden, wenn man sie eine Zeitlang aus dem Kinderzimmer ausschloß. Zuviel von ein und demselben tat niemandem gut. Und alles deutete klar darauf hin, daß die Kinder sich ein wenig zuviel mit Afrika beschäftigt hatten. Diese *Sonne*. Er fühlte sie immer noch in

seinem Nacken, wie eine heiße Pranke. Und die *Löwen*. Und der Blutgeruch. Fabelhaft, wie das Kinderzimmer die telepathischen Gedankenströme der Kinder auffing und Leben schuf, um alle ihre Wünsche zu erfüllen. Die Kinder dachten Löwen, und da waren Löwen. Die Kinder dachten Zebras, und da waren Zebras. Sonne – Sonne. Giraffen – Giraffen. Tod – und Tod.

Diese letzte Vorstellung! Er kaute, ohne es zu schmecken, auf dem Fleisch herum, das der Tisch ihm geschnitten und vorgesetzt hatte. Todesgedanken. Sie waren reichlich jung für Todesgedanken, Wendy und Peter. Oder – nein, man war nie dafür zu jung, eigentlich. Lange bevor man wußte, was Tod bedeutete, wünschte man ihn jemand anderem.

Aber dies – die weite, heiße afrikanische Steppe – der furchtbare Tod im Rachen eines Löwen. Und die ständige Wiederholung.

»Wohin gehst du?«

Er gab Lydia keine Antwort. Gedankenverloren merkte er nicht, wie die Lampen lautlos vor ihm aufleuchteten und hinter ihm wieder verlöschten, während er auf die Kinderzimmertür zuschritt. Lauschend legte er das Ohr dagegen. Weit entfernt brüllte ein Löwe.

Er schloß die Tür auf und öffnete sie. Gerade als er eintreten wollte, hörte er einen entfernten Schrei. Und darauf ein weiteres Löwengebrüll, das jedoch rasch verstummte.

Er trat ein und war in Afrika. Wie oft hatte er im vergangenen Jahr die Tür geöffnet und sich im Wunderland befunden, mit Alice und der Falschen Schildkröte, oder hatte Aladin mit seiner Wunderlampe gesehen, oder Jack Pumpkinhead aus Oz, oder Doktor Doolittle, oder die Kuh, die über einen äußerst echt aussehenden Mond sprang – all die köstlichen Erfindungen einer Scheinwelt. Wie oft hatte er Pegasus durch den Himmel an der Decke fliegen sehen, oder bunte Feuerwerksfontänen, oder Engelsstimmen singen hören. Aber jetzt, dieses gelblodernde Afrika, dieser Backofen mit Mord unter der sengenden Sonne! Vielleicht hatte Lydia recht. Vielleicht benötigten sie einen kleinen Urlaub von ihrer Phantasie, die für zehnjährige Kinder ein wenig zu wirklichkeitsnah zu werden begann. Es war in Ordnung, daß sie ihren Geist mit Phantasiegymnastik übten; aber wenn der lebhafte kindliche Geist sich auf *eine* Schablone festlegte ...? Es schien ihm, als hätte er schon seit einem Monat von ferne Löwengebrüll gehört und den strengen Raubtiergeruch bis in sein Arbeitszimmer hinein wahrgenommen. Doch da er sehr beschäftigt gewesen war, hatte er sich nicht weiter darum gekümmert.

George Hadley stand allein inmitten einer afrikanischen Steppe. Die Löwen blickten von ihrem Fraß auf und beobachteten ihn. Der einzige Bruch in der vollkommenen Illusion war die offene Tür, durch die er seine Frau sehen konnte, die weit hinter dem dunklen Korridor, wie ein gerahmtes Bild, geistesabwesend in ihrem Abendessen herumstocherte.

»Verschwindet«, sagte er zu den Löwen.

Sie verschwanden nicht.

Er kannte das Arbeitsprinzip des Zimmers genau. Man sandte seine Gedanken aus, und was auch immer man dachte, nahm Gestalt an.

»Aladin und die Wunderlampe sollen erscheinen«, rief er ärgerlich.

Die Steppe blieb; die Löwen blieben.

»Komm schon, Zimmer! Ich will Aladin!« befahl er.

Nichts geschah. Die Löwen in ihren hitzeflimmernden Fellen fraßen weiter.

»Aladin!« Er ging zum Abendessen zurück. »Das dumme Zimmer ist nicht in Ordnung«, sagte er. »Es will nicht mehr reagieren.«

»Oder – –«

»Oder was?«

»Oder es *kann* nicht reagieren«, sagte Lydia, »weil die Kinder so viele Tage an Afrika und Löwen und Töten gedacht haben, daß das Zimmer jetzt ganz auf dieses eine Schema festgelegt ist.«

»Kann sein.«

»Oder Peter hat es fest darauf eingestellt.«

»*Eingestellt*?«

»Er ist vielleicht in den Mechanismus eingedrungen und hat irgend etwas blockiert.«

»Peter versteht nichts von dem Mechanismus.«

»Er ist sehr klug für zehn Jahre. Sein Intelligenzquotient – –«

»Trotzdem – –«

»Hallo, Mami. Hallo, Papi.«

Die Hadleys drehten sich um. Wendy und Peter kamen durch die Vordertür herein, mit roten Wangen und strahlenden Augen wie blaue Achatmurmeln; von ihrem kurzen Flug mit dem Helikopter hing noch ein leichter Ozongeruch in ihren Pullovern.

»Ihr kommt gerade noch zum Abendessen zurecht«, sagten beide Eltern wie aus einem Munde.

»Wir sind ganz voll Erdbeereis und heißer Würstchen«, erwiderten die Kinder, die sich bei den Händen hielten. »Aber wir wollen uns gern zu euch setzen und zusehen.«

»Ja, kommt her und erzählt uns von dem Kinderzimmer«, sagte George Hadley.

Bruder und Schwester sahen erst ihn, dann einander erstaunt an. »Kinderzimmer?«

»Nun, über Afrika und all das«, sagte der Vater mit vorgetäuschter Heiterkeit.

»Ich versteh dich nicht«, erwiderte Peter.

»Deine Mutter und ich sind gerade von einer Reise mit Kamera und Büchse quer durch Afrika zurückgekehrt; Tom Swift und sein Elektrischer Löwe«, sagte George Hadley.

»Im Kinderzimmer ist kein Afrika«, sagte Peter einfach.

»Na, komm schon, Peter; gib's zu. Wir wissen es besser.«

»Ich kann mich an kein Afrika erinnern«, beharrte Peter. »Du vielleicht, Wendy?«

»Nein.«

»Lauf nachsehen und komm uns erzählen.«

Sie lief los.

»Wendy, komm sofort zurück!« rief George Hadley, aber sie war schon fort. Das Aufleuchten der Lampen folgte ihr wie eine Schar Glühwürmchen. Zu spät kam es ihm in den Sinn, daß er nach seiner letzten Inspektion vergessen hatte, die Tür des Kinderzimmers abzuschließen.

»Wendy wird nachsehen und uns dann berichten«, sagte Peter.

»Sie braucht *mir* nichts zu berichten. Ich habe es selbst gesehen.«

»Bestimmt hast du dich getäuscht, Vater.«

»Ich habe mich nicht getäuscht, Peter. Komm jetzt mit.«

Aber Wendy war schon zurück. »Da ist kein Afrika«, sagte sie atemlos.

»Wir werden ja sehen«, sagte George Hadley, und alle zusammen gingen sie den Korridor hinunter; er öffnete die Kinderzimmertür.
Ein herrlicher grüner Wald empfing sie, ein Flüßchen plätscherte, ein purpurner Berg ragte vor ihnen auf, helle Stimmen sangen, und Rima, lieblich und geheimnisvoll, bunte Schmetterlingsschwärme wie lebendige Blumengebinde in ihrem langen Haar, stahl sich durch die Bäume. Die afrikanische Steppe war verschwunden. Die Löwen waren verschwunden. Nur Rima war jetzt hier und sang ein so wunderschönes Lied, daß es einen zu Tränen rührte.
George Hadley blickte in die veränderte Szene. »Geht ins Bett«, sagte er zu den Kindern.
Sie öffneten ihre Münder.
»Ihr habt gehört, was ich gesagt habe.«
Sie traten in die Luftschleuse, wo sie wie braune Blätter den Windfang hinauf zu ihren Schlafzimmern gesogen wurden.
George Hadley ging durch die gesangerfüllte Waldlichtung und hob etwas auf, das in der Ecke nahe der Stelle lag, wo sich die Löwen aufgehalten hatten. Langsam schritt er zurück zu seiner Frau.
»Was hast du da?« fragte sie.
»Eine alte Brieftasche von mir«, antwortete er.
Er zeigte sie ihr. Der Duft heißen Grases, vermischt mit dem scharfen Geruch von Löwen, hing noch daran. Sie war zerbissen, und Speicheltropfen und Blut klebten auf beiden Seiten.
Er zog die Tür des Kinderzimmers von außen zu und schloß sie fest ab.
Noch um Mitternacht lag er wach und wußte, daß auch seine Frau nicht einschlafen konnte. »Glaubst du, daß Wendy den Wechsel bewirkt hat?« fragte sie schließlich durch die Dunkelheit.
»Natürlich.«
»Daß sie die Steppe in einen Wald verwandelt und Rima an Stelle der Löwen gesetzt hat?«
»Ja.« – »Warum?«
»Ich weiß nicht. Aber das Zimmer bleibt abgeschlossen, bis ich es herausgefunden habe.«
»Wie ist deine Brieftasche dort hingekommen?«
»Ich weiß überhaupt nichts«, sagte er, »außer daß ich den Kauf

dieses Zimmers für die Kinder zu bedauern beginne. Wenn Kinder neurotisch veranlagt sind, kann ein solches Zimmer – –«
»Es soll ihnen aber doch gerade helfen, ihre Neurosen auf gesunde Art loszuwerden.«
»Ich fange an, mir darüber Gedanken zu machen.« Er starrte zur Decke hoch.
»Wir haben den Kindern alles gegeben, was sie sich nur wünschten. Ist das unser Lohn – Geheimnistuerei, Ungehorsam?«
»Irgend jemand hat einmal gesagt, ›Kinder sind wie Teppiche – man sollte gelegentlich auf sie treten‹. Wir haben nie die Hand gegen sie erhoben. Sie sind unerträglich – wollen wir's doch zugeben. Sie kommen und gehen, wie es ihnen gefällt; sie behandeln uns, als seien wir die Kinder. Sie sind verdorben, und wir sind verdorben.«
»Seit du ihnen vor ein paar Monaten verboten hast, mit der Rakete nach New York zu fliegen, benehmen sie sich ganz komisch.«
»Ich habe ihnen erklärt, daß sie noch zu jung sind, um so eine Reise allein zu machen.«
»Jedenfalls habe ich festgestellt, daß sie sich seit diesem Zeitpunkt entschieden kühl gegen uns verhalten.«
»Ich glaube, ich werde David McClean morgen vormittag zu uns bitten, damit er sich dieses Afrika einmal ansieht.«
»Aber es ist doch nicht mehr Afrika, sondern der Märchenwald und Rima.«
»Ich habe so ein Gefühl, daß bis dahin wieder Afrika dasein wird.«
Einen Augenblick später hörten sie die Schreie.
Zwei Schreie. Die Schreie von zwei Menschen im Erdgeschoß. Und dann Löwengebrüll.
»Wendy und Peter sind nicht in ihren Zimmern«, sagte seine Frau.
Er lag mit klopfendem Herzen in seinem Bett. »Nein«, erwiderte er. »Sie sind in das Kinderzimmer eingebrochen.«
»Diese Schreie – sie kommen mir so bekannt vor.«
»Wirklich?«
»Ja, schrecklich bekannt.«
Und obgleich ihre Betten sich alle Mühe gaben, die beiden Erwach-

senen in Schlaf zu schaukeln, brauchten sie dazu noch eine gute Stunde. Raubtiergeruch hing in der Nachtluft.

»Vater?« sagte Peter.
»Ja.«
Peter blickte auf seine Schuhspitzen. Er sah seinen Eltern überhaupt nicht mehr ins Gesicht. »Du willst doch das Kinderzimmer nicht für immer abschließen, nicht wahr?«
»Das kommt ganz darauf an.«
»Worauf?« verlangte Peter ungeduldig zu wissen.
»Auf dich und deine Schwester. Wenn ihr zwischen eure Afrikabesuche ein wenig Abwechslung legt – sagen wir, Schweden vielleicht, oder Dänemark oder China – –«
»Ich dachte, wir dürften spielen, was wir wollten.«
»Das dürft ihr auch, aber innerhalb vernünftiger Grenzen.«
»Was gefällt dir denn nicht an Afrika, Vater?«
»Ach, du gibst also jetzt zu, daß ihr Afrika hergezaubert habt, wie?«
»Ich will nicht, daß du das Kinderzimmer abschließt«, sagte Peter kalt. »Niemals.«
»Wir denken sogar daran, das ganze Haus für etwa einen Monat abzuschließen und irgendwo auf dem Lande zu leben, wo wir wieder alles selbst machen können.«
»Das hört sich ja schrecklich an! Muß ich dann meine Schnürsenkel selbst binden, anstatt das den Schuhanzieher machen zu lassen? Und mir selbst die Zähne putzen und die Haare kämmen und mich in der Badewanne abschrubben?«
»Zur Abwechslung würde das auch einmal Spaß machen, meinst du nicht?«
»Nein, das wäre schrecklich. Ich fand es schon schrecklich, daß du im letzten Monat den Bildermaler wegnahmst.«
»Das tat ich nur, damit ihr lernen sollt, selbst Bilder zu malen, mein Sohn.«
»Ich möchte aber nichts anderes als zuhören, zuschauen und riechen; was sollte ich denn sonst tun?«
»Na schön, geh und spiel in Afrika.«
»Willst du unser Haus wirklich bald abschließen?«

»Wir überlegen es uns noch.«
»Es wäre besser, wenn ihr nicht länger daran dächtet, Vater.«
»Ich dulde keine Drohungen von meinem Sohn!«
»Wie du willst.« Und Peter trollte ab ins Kinderzimmer.

»Komme ich zur rechten Zeit?« fragte David McClean.
»Frühstück?« entgegnete George Hadley.
»Danke, hab schon gefrühstückt. Wo fehlt's denn?«
»David, du bist doch Psychologe.«
»Ich hoffe es wenigstens.«
»Du mußt dir einmal unser Kinderzimmer ansehen. Du hast schon vor einem Jahr einen Blick hineingeworfen, als du uns besuchtest. Ist dir damals etwas Ungewöhnliches aufgefallen?«
»Das kann ich nicht sagen; die üblichen Gewalttätigkeiten, ein leichter Hang zur Paranoia hier und da, wie es bei Kindern üblich ist, weil sie sich ständig von ihren Eltern verfolgt fühlen, aber sonst eigentlich nichts Beunruhigendes.«
Sie gingen den Korridor hinunter. »Ich hatte das Kinderzimmer gestern abgeschlossen«, erklärte der Vater, »und die Kinder brachen in der Nacht dort ein. Ich ließ sie gewähren, damit du dir heute ihr Werk ansehen kannst.«
Ein furchtbares Schreien ertönte aus dem Kinderzimmer.
»Da sind wir«, sagte George Hadley. »Jetzt sieh zu, was dir daran auffällt.«
Sie gingen zu den Kindern hinein, ohne anzuklopfen.
Die Schreie waren verstummt. Die Löwen fraßen.
»Lauft einen Augenblick hinaus, Kinder«, sagte George Hadley. »Nein, ändert nicht die Mentalkombination. Laßt alles, wie es ist, Hinaus!«
Als die Kinder gegangen waren, standen die beiden Männer und beobachteten die sich in der Ferne zusammendrängenden Löwen, die sich sichtlich ihre Beute schmecken ließen, was es auch sein mochte.
»Ich möchte zu gern wissen, was sie da fressen«, sagte George Hadley. »Manchmal kann ich es fast erkennen. Glaubst du, wenn ich ein starkes Fernglas holte, könnte ich – –«
David McClean lachte trocken. »Kaum«, meinte er. Er drehte sich

um und studierte eingehend alle vier Wände. »Wie lange geht das nun schon so?«
»Etwa über einen Monat.«
»Jedenfalls spüre ich bestimmt nichts Gutes.«
»Tatsachen möchte ich, keine Gefühle.«
»Mein lieber George, ein Psychologe hat noch nie in seinem Leben eine Tatsache gesehen. Er erfährt nur von Gefühlen, unbestimmten Empfindungen. Und dies ist kein gutes Gefühl, sage ich dir. Du kannst meinem Instinkt und meinen Ahnungen vertrauen. Das hier ist sehr schlimm. Ich kann dir nur raten, das ganze verdammte Zimmer herausreißen zu lassen und mir deine Kinder das ganze nächste Jahr lang jeden Tag zur Behandlung zu schicken.«
»Ist es so schlimm?«
»Ich fürchte, ja. Ursprünglich waren diese Kinderzimmer dazu bestimmt, daß wir die Gedankenmuster des kindlichen Geistes an den Wänden studieren konnten, in Muße studieren und dem Kinde helfen konnten. In diesem Falle ist das Zimmer jedoch zu einem Verstärkerkanal für – zerstörerische Gedanken geworden, anstatt die Kinder davon zu befreien.«
»Hast du damals noch nichts davon gemerkt?«
»Ich spürte lediglich, daß ihr eure Kinder mehr als die meisten Eltern verdorben hattet. Und jetzt hast du sie auf irgendeine Weise schwer zurückgesetzt und enttäuscht. Wodurch?«
»Ich ließ sie nicht nach New York fliegen.«
»Was noch?«
»Ich habe ein paar Automaten aus dem Haus entfernt, und vor einem Monat drohte ich ihnen, das Kinderzimmer ganz zu schließen, wenn sie nicht ihre Schularbeiten machten. Für ein paar Tage habe ich es dann auch abgeschlossen, um ihnen zu zeigen, daß ich es ernst meinte.«
»Aha!«
»Hat das etwas zu bedeuten?«
»Alles. Während sie früher einen Weihnachtsmann hatten, haben sie nun einen Scrooge. Kinder ziehen Weihnachtsmänner vor. Du hast dieses Zimmer und dieses Haus deine Stelle und die deiner Frau in der Zuneigung eurer Kinder einnehmen lassen. Dieses Zimmer ist für sie Mutter und Vater, viel wichtiger für ihr Leben als

ihre richtigen Eltern. Und nun kommst du daher und willst es abschließen. Kein Wunder, daß hier Haß in der Luft liegt. Man fühlt ihn förmlich aus dem Himmel herabfallen. Spürst du diese Sonne! George, ihr müßt euer Leben ändern. Wie so viele andere, habt ihr es nur auf materielle Annehmlichkeiten gegründet. Ihr müßtet verhungern, wenn etwas in eurer Küche nicht mehr funktionierte. Ihr wüßtet vielleicht nicht einmal mehr, wie man ein Ei aufschlägt. Eben darum müßt ihr einmal alle diese Apparate abschalten. Fangt neu an. Es wird einige Zeit brauchen. Aber in einem Jahr werden wir gute Kinder aus schlechten gemacht haben, wart es nur ab.«

»Aber wird der Schock für die Kinder nicht zu groß sein, wenn wir das Kinderzimmer so plötzlich für immer abstellen?«

»Ich möchte auf keinen Fall, daß sie sich noch eingehender mit dieser Geschichte befassen.«

Die Löwen hatten ihr blutiges Mahl beendet. Sie standen am Rand ihres Futterplatzes und beobachteten die beiden Männer.

»Jetzt fühle ich mich verfolgt«, sagte McClean. »Laß uns hinausgehen. Ich habe diese verdammten Zimmer nie besonders gern gemocht. Machen mich nervös.«

»Die Löwen sehen sehr echt aus, nicht wahr?« meinte George Hadley. »Ich will doch nicht hoffen, daß sie irgendwie – –«

»Daß sie was?«

»Daß sie irgendwie *wirkliche* Gestalt annehmen können?«

»Nicht daß ich wüßte.«

»Irgendeine Fehlschaltung im Mechanismus, vielleicht weil die Kinder daran herumgespielt haben?«

»Nein.« Sie gingen zur Tür.

»Ich glaube, das Zimmer wird sich nicht gern abschalten lassen«, sagte der Vater.

»Nichts stirbt gern – nicht einmal ein Zimmer.«

»Ob es mich wohl haßt, weil ich es abschalten will?«

»Die Paranoia hängt heute hier ziemlich dick in der Luft«, erklärte David McClean. »Man kann ihr folgen wie auf einer Spur. – Hallo!« Er bückte sich und hob ein blutiges Halstuch auf. »Ist das deins?«

»Nein.« George Hadleys Gesicht wurde hart. »Es gehört Lydia.«

Sie gingen zusammen zum Sicherungskasten und warfen den Hebel herum, der das Zimmer sterben ließ.

Die beiden Kinder bekamen hysterische Anfälle. Sie schrien und bäumten sich auf und warfen Gegenstände herum. Sie heulten und schluchzten und fluchten und sprangen auf die Möbel.
»Ihr dürft das nicht mit dem Zimmer machen, ihr dürft das nicht!«
»Nehmt euch zusammen, Kinder.«
Die Kinder warfen sich weinend auf eine Couch.
»George«, sagte Lydia Hadley, »schalte das Kinderzimmer wieder ein, nur für ein paar Minuten. Du kannst ihnen das nicht so plötzlich zumuten.«
»Nein!«
»Du kannst nicht so grausam sein.«
»Lydia, es ist abgeschaltet, und es bleibt abgeschaltet. Und das ganze übrige verdammte Haus soll ebenfalls augenblicklich ausgelöscht werden. Je mehr ich die Patsche erkenne, in die wir da freiwillig hineingeraten sind, um so übler wird mir davon. Wir haben schon viel zu lange unseren automatisierten, elektronischen Nabel betrachtet. Mein Gott, wie sehr wir doch einen Atemzug frische Luft brauchen!«
Und er marschierte durch das Haus, schaltete die sprechenden Uhren ab, die Herde, die Thermostaten, die Schuhputzmaschinen, die Schnürsenkelbinder, die Bade-, Bürste- und Massageapparate und alle anderen Maschinen, die er erreichen konnte.
Das Haus schien voller Leichen zu sein. Man kam sich vor wie auf einem Maschinenfriedhof. So still war es. Kein Summen mehr von verhaltener Energie, die auf Knopfdruck den Dienst verborgener Mechanismen auslöste.
»Laßt ihn das nicht tun!« heulte Peter anklagend gegen die Decke, als riefe er das Haus, das Kinderzimmer an. »Laßt Vater nicht alles zerstören!« Er wandte sich an seinen Vater: »Oh, ich hasse dich!«
»Frechheiten werden dir auch nicht helfen!«
»Ich wünschte, du wärest tot!«
»Wir waren es, eine lange Zeit. Aber jetzt wollen wir beginnen, wirklich zu leben. Anstatt uns von den Maschinen beherrschen und dirigieren zu lassen, wollen wir jetzt wirklich *leben*.«
Wendy weinte immer noch, und Peter leistete ihr erneut Gesellschaft. »Nur ein Mal noch, nur ein Mal noch, nur ein einziges Mal noch das Kinderzimmer«, jammerten sie.

»O George«, sagte seine Frau, »es kann doch nichts schaden.«
»Na schön – sie sollen ihren Willen haben, wenn sie dann nur ruhig sind. Aber nur einen Augenblick, verstanden, und dann aus und vorbei für immer.«
»Vati, Vati, Vati!« sangen die Kinder, mit glücklich lächelnden, nassen Gesichtern.
»Und dann fahren wir in die Ferien. David McClean kommt in einer halben Stunde und hilft uns, mit unseren Sachen zum Flughafen zu kommen. Ich gehe mich jetzt umziehen. Du, Lydia, kannst das Kinderzimmer für ein paar Minuten wieder anschalten, aber nur für ein paar Minuten, denk dran.«
Plappernd zogen die drei los, während er sich durch die Luftschleuse nach oben saugen ließ und begann, sich umzukleiden. Einen Augenblick später erschien auch Lydia.
»Wie werde ich froh sein, wenn wir abreisen!« seufzte sie.
»Hast du sie im Kinderzimmer allein gelassen?«
»Ich wollte mich auch umziehen. Oh, dieses entsetzliche Afrika! Was sie nur daran finden mögen?«
»Na, in fünf Minuten sind wir unterwegs nach Iowa. Herrgott, wie sind wir bloß zu diesem Haus gekommen? Was hat uns nur dazu getrieben, einen Albdruck zu kaufen?«
»Falscher Stolz, Geld und Dummheit.«
»Ich glaube, wir gehen lieber nach unten, bevor die Kinder sich wieder ganz mit diesen verdammten Bestien beschäftigen.«
In diesem Augenblick hörten sie die Kinder rufen: »Vati, Mami, kommt schnell – schnell!«
Sie sausten durch die Luftschleuse nach unten und rannten durch den Korridor. Die Kinder waren nirgends zu sehen. »Wendy, Peter?«
Sie liefen in das Kinderzimmer. Die Steppe war leer bis auf die Löwen, die wartend zu ihnen herblickten. »Peter, Wendy?«
Die Tür schlug zu.
»Wendy, Peter!«
George Hadley und seine Frau wirbelten herum und liefen zur Tür zurück.
»Macht auf!« schrie George Hadley und versuchte den Türknopf zu drehen. »Ha, sie haben von außen abgeschlossen! Peter!« Er schlug gegen die Tür. »Aufmachen!«

Draußen vor der Tür hörte er Peters Stimme.
»Laßt sie nicht das Kinderzimmer und das ganze Haus abstellen!« sagte er.
Mr. und Mrs. George Hadley trommelten gegen die Tür. »Kommt schon, macht euch nicht lächerlich, Kinder. Wir müssen gleich fort. Mr. McClean wird in einer Minute da sein, und ...«
In diesem Augenblick hörten sie die Geräusche.
Die Löwen hatten sie von drei Seiten eingeschlossen und strichen jetzt brüllend und tief in den Kehlen grollend durch das trocken raschelnde, gelbe Steppengras um sie herum.
Die Löwen.
George Hadley blickte seine Frau an, und dann drehten sie sich beide um und sahen, wie die Bestien geduckt und mit steifen Schwänzen langsam auf sie zuschlichen.
George und Lydia Hadley schrien.
Und plötzlich erkannten sie, warum jene anderen Schreie ihnen so vertraut vorgekommen waren.

»Also, da bin ich«, sagte David McClean in der Tür zum Kinderzimmer. »Oh, hallo!« Er blickte erstaunt auf die beiden Kinder herab, die mitten in der ebenen Landschaft saßen und ein kleines Picknick verzehrten. Hinter ihnen war das Wasserloch und die gelbe Steppe; über ihnen hing die heiße Sonne. Er begann zu schwitzen. »Wo sind euer Vater und eure Mutter?«
Die Kinder blickten auf und lächelten. »Oh, sie müssen jeden Augenblick kommen.«
»Gut, wir müssen uns beeilen.« In einiger Entfernung sah Mr. McClean die Löwen um ihr blutiges Mahl kämpfen, bald aber beruhigten sie sich und fraßen schweigend unter den schattigen Bäumen.
Er hielt die Hand über die Augen und blickte angestrengt zu den Tieren hinüber.
Die Löwen hatten ihren Fraß beendet. Sie gingen an das Wasserloch, um zu trinken.
Ein Schatten strich über Mr. McCleans heißes Gesicht. Viele Schatten flatterten durch die Luft. Die Aasgeier fielen aus dem sengenden Himmel.
»Eine Tasse Tee?« brach Wendy das Schweigen.

SHIRLEY JACKSON

WIE MUTTER ES IMMER GEMACHT HAT

David Turner, der alles mit sparsamen, raschen Bewegungen machte, ging eilig von der Bushaltestelle die Avenue zu seiner Straße hinunter. Er kam zu dem Lebensmittelladen an der Ecke und blieb stehen; da war doch noch etwas gewesen. Butter, fiel ihm erleichtert ein; heute morgen, den ganzen Weg die Avenue entlang bis zur Bushaltestelle, hatte er sich immer wieder gesagt: Butter, vergiß heute abend auf dem Heimweg die Butter nicht, wenn du an dem Lebensmittelladen vorbeikommst, denk an die Butter. Er betrat den Laden, und während er wartete, bis er an der Reihe war, studierte er die Dosen auf den Regalen. Es gab wieder Schweinswürstchen in der Dose und Corned beef. Sein Blick fiel auf ein Tablett voll Brötchen, und dann ging die Frau vor ihm hinaus, und der Verkäufer wandte sich ihm zu.
»Wieviel kostet die Butter?« fragte David vorsichtig.
»Neunundachtzig«, sagte der Verkäufer beiläufig.
»Neunundachtzig?« David runzelte die Stirn.
»Stimmt genau«, sagte der Verkäufer. Er sah an David vorbei zum nächsten Kunden.
»Ein Viertelpfund, bitte«, sagte David. »Und sechs Brötchen.«
Während er seine Tüte nach Hause trug, dachte er: Ich sollte dort eigentlich nicht mehr einkaufen; man möchte meinen, daß sie mich gut genug kennen, um mich etwas zuvorkommender zu behandeln.
Im Briefkasten lag ein Brief von seiner Mutter. Er steckte ihn oben in die Tüte mit den Brötchen und ging hinauf in den dritten Stock. In Marcias Wohnung, der einzigen Wohnung außer seiner auf dem Stockwerk, brannte kein Licht. David wandte sich seiner Tür zu, schloß sie auf und schaltete beim Hereinkommen das Licht an. Wie jeden Abend, wenn er nach Hause kam, sah die Wohnung auch heute abend warm und freundlich und einladend aus; die kleine Diele mit dem hübschen kleinen Tisch und den vier akkurat darum herum aufgestellten Stühlen und der Vase mit kleinen Ringelblu-

men, die sich gegen die blaßgrünen Wände abhoben, die David selbst gestrichen hatte; hinter der Diele die Kochnische und dahinter das große Zimmer, in dem David las und schlief und dessen Decke ihm ewig Kummer bereitete; in einer Ecke bröckelte der Putz herunter, und keine Macht auf Erden konnte das verbergen. David tröstete sich wegen des Putzes ständig mit dem Gedanken, daß er vielleicht nicht herunterfallen würde, wenn er sich nicht eine Wohnung in einem Brownstone genommen hätte, daß er andererseits aber auch nicht – für das Geld, das er zahlte – irgendwo anders eine Diele und ein großes Zimmer und eine Kochnische hätte haben können.

Er stellte die Tüte auf dem Tisch ab, legte die Butter in den Kühlschrank und die Brötchen in den Brotkasten. Er faltete die leere Tüte zusammen und steckte sie in eine Schublade. Dann hängte er seinen Mantel in den Schrank in der Diele, ging in das große Zimmer, das er als sein Wohnzimmer bezeichnete, und machte die Schreibtischlampe an. Bei sich nannte er das Zimmer »bezaubernd«. Er hatte schon immer eine Vorliebe für Gelb- und Brauntöne gehabt und hatte den Schreibtisch, die Bücherregale, die Beistelltischchen und sogar die Wände selbst gestrichen, hatte in der ganzen Stadt nach den gelbbraunen Vorhängen aus dickem Wollstoff gesucht, wie er sie sich vorstellte. Das Zimmer erfüllte ihn mit Befriedigung: Der Teppich war von einem satten, dunklen Braun, das den dunkelsten Ton der Vorhänge aufnahm, die Einrichtung war fast ausschließlich in Gelb gehalten, der Bezug auf der Bettcouch und die Lampenschirme waren orange. Die auf den Fensterbrettern aufgereihten Pflanzen gaben dem Zimmer die Spur von Grün, die es brauchte; zur Zeit suchte David nach einem Ziergegenstand für eins der Beistelltischchen, aber er hatte sein Herz an eine niedrige, durchscheinende grüne Vase gehängt, und solche Dinge kosteten mehr, als er sich leisten konnte, nach dem Tafelsilber.

Wann immer er dieses Zimmer betrat, hatte er das Gefühl, daß es das behaglichste Zuhause war, das er je gehabt hatte; heute abend ließ er wie stets seinen Blick langsam durch den Raum schweifen, von der Couch zu den Vorhängen bis zum Bücherregal, und er stellte sich die grüne Vase auf dem Beistelltischchen vor und wandte sich seufzend dem Schreibtisch zu. Er nahm seinen Füller vom Ständer und ein Blatt unbeschriebenes Notizpapier aus einem Fach im Schreibtisch und schrieb in seiner peniblen Schrift: »Liebe Marcia, vergiß nicht, daß Du heute zum Abendessen eingeladen bist. Ich erwarte Dich um sechs.« Er unterschrieb die Notiz mit »D« und nahm den Schlüssel zu Marcias Wohnung, der in der flachen Bleistiftschale auf dem Schreibtisch lag. Er hatte einen Schlüssel zu Marcias Wohnung, weil sie nie zu Hause war, wenn der Mann von der Wäscherei kam oder der Mann, der den Kühlschrank reparieren sollte oder das Telefon oder die Fenster, und irgend jemand mußte sie hereinlassen, weil der Vermieter sich weigerte, mit seinem Hauptschlüssel drei Stockwerke hinaufzusteigen. Marcia hatte nie vorgeschlagen, David solle ihr einen Schlüssel für seine Wohnung geben, und David hatte sie nie gefragt, ob sie einen wolle; es gefiel ihm, daß er nur einen einzigen Schlüssel für seine Wohnung hatte, und der war gut aufgehoben in seiner Tasche; er fühlte sich angenehm an, klein und massiv, der einzige Zugang zu seinem warmen, hübschen Zuhause.

Er ließ seine Wohnungstür offen und ging durch den dunklen Korridor zu der anderen Wohnung. Er schloß die Tür mit seinem Schlüssel auf und schaltete das Licht ein. Es war ihm nicht angenehm, die Wohnung zu betreten; sie war genau gleich geschnitten wie seine: Diele, Kochnische, Wohnzimmer, und sie erinnerte ihn ständig an den ersten Tag in seiner eigenen Wohnung, als der Gedanke an das, was zu tun war, damit ein gemütliches Zuhause daraus würde, ihn an den Rand der Verzweiflung gebracht hatte. Marcias Wohnung war spärlich und nachlässig möbliert; ein Klavier, das ihr kürzlich ein Freund geschenkt hatte, ragte in die Diele, weil der kleine Raum zu schmal war und im großen Zimmer ein solches Durcheinander herrschte, daß es nirgends einen angemessenen Platz dafür gab; Marcias Bett war nicht gemacht, und auf dem Boden lag ein Haufen schmutziger Wäsche. Das Fenster hatte den ganzen Tag über offengestanden, und auf dem Boden lagen überall Zeitungen verstreut. David schloß das Fenster, verharrte kurz vor den Zeitungen und zog sich dann rasch zurück. Er legte die Notiz auf die Klaviertasten und schloß die Tür hinter sich ab.

Zurückgekehrt in seine Wohnung, machte er sich stillvergnügt an die Zubereitung des Essens. Tags zuvor hatte er sich zum Abendessen einen kleinen Schmorbraten gemacht; der größte Teil davon war noch im Kühlschrank, und er schnitt ihn in dünne Scheiben, ordnete sie auf einem Teller an und dekorierte sie mit Petersilie. Die orange Teller hatten fast die gleiche Farbe wie der Couchbezug, und es machte ihm Spaß, den Salat zuzubereiten, mit den grünen Salatblättern und den dünnen Gurkenscheiben auf den orange Tellern. Er stellte die Kaffeekanne auf und schnitt Kartoffeln klein, um sie anschließend zu braten, und dann, während das Abendessen gemütlich vor sich hin köchelte und das Fenster offenstand, damit sich der Geruch nach Bratkartoffeln verzog, machte er sich liebevoll daran, den Tisch zu decken. Zuerst das Tischtuch, blaßgrün natürlich. Und zwei frische grüne Servietten. Orange Teller und die passenden Tassen und Untertassen an den jeweiligen Platz. In die Mitte der Teller mit den Brötchen und die lustigen Salz- und Pfefferstreuer, wie zwei grüne Frösche. Zwei Gläser – sie stammten aus dem Kaufhaus, aber sie hatten einen schmalen grünen Rand –, und zuletzt legte er mit Bedacht das Silberbesteck auf. David war mit lustvollem Eifer dabei, nach und nach ein vollständiges Tafelsilber zu erwerben; bescheiden hatte er mit Bestecken für zwei Personen angefangen, hatte hinzugekauft und besaß jetzt Bestecke für mindestens vier Personen, aber es reichte noch nicht für sechs, es fehlten Salatgabeln und Suppenlöffel. Er hatte eine unauffällige, hübsche Gravur gewählt, eine, die zu jedem Service paßte, und jeden Morgen freute er sich über sein Frühstück, über den glänzenden Silberlöffel für die Grapefruit, benutzte das robuste Buttermesser für den Toast und das massive Silbermesser, um das Ei aufzuklopfen, und einen sauberen Silberlöffel für den Kaffee, den er mit einem Zuckerlöffel zuckerte. Das Silber lag in einem anlaufsicheren Kasten ganz für sich oben auf dem Regal, und David holte ihn vorsichtig herunter, um Bestecke für zwei herauszunehmen. Es machte viel her, wie es da auf dem Tisch lag – Messer, Gabeln, Salatgabeln, wieder andere Gabeln für den Kuchen, ein Löffel für jedes Gedeck, das Vorlegebesteck, der Zuckerlöffel, die großen Auflegelöffel für die Kartoffeln und den Salat, die Gabel für das Fleisch und die Kuchenschaufel. Als soviel Silber auf dem Tisch lag, wie zwei Personen nur irgend benutzen konnten, stellte er den Kasten wieder ins Regal und trat einen Schritt zurück, überprüfte das Ganze, bewunderte den tadellos gedeckten Tisch und das blitzende Silber. Dann ging er ins Wohnzimmer, um den Brief seiner Mutter zu lesen und auf Marcia zu warten.

Die Kartoffeln waren gar, noch bevor Marcia kam, und dann sprang plötzlich die Tür auf und Marcia trat ein mit lautem Hallo und brachte frische Luft und Unordnung mit. Sie war ein großes, hübsches Mädchen mit einer kräftigen Stimme. Sie sagte: »Hab's nicht vergessen, Davie, ich komm' nur wie üblich zu spät. Was gibt's zum Essen? Du bist nicht böse, oder?«

David stand auf und ging ihr entgegen, um ihr den schmutzigen Regenmantel abzunehmen. »Ich habe dir einen Zettel hingelegt«, sagte er.

»Hab' ihn nicht gesehen«, sagte Marcia. »War noch nicht bei mir drüben. Irgendwas riecht hier ausgezeichnet.«

»Bratkartoffeln«, sagte David. »Das Essen ist fertig.«

»Toll.« Marcia ließ sich auf einen Stuhl fallen, streckte die Beine aus und ließ die Arme herunterhängen. »Ich bin müde«, sagte sie. »Es ist kalt draußen.«

»Schon als ich nach Hause ging, ist es kälter geworden«, sagte David. Er trug das Essen auf, die Platte mit dem Fleisch, den Salat, die Schüssel mit den Bratkartoffeln. Er ging ruhig zwischen der Kochnische und dem Tisch hin und her und machte dabei einen Bogen um Marcias Beine. »Ich glaube, du warst noch nicht wieder hier, seit ich mein Silber habe«, sagte er.

Marcia drehte sich rasch zum Tisch um und nahm einen Löffel. »Sehr schön«, sagte sie und strich mit dem Finger über die Gravur. »Muß ein Vergnügen sein, damit zu essen.«

»Es ist angerichtet«, sagte David. Er rückte ihr den Stuhl vom Tisch weg und wartete, bis sie sich gesetzt hatte.

Marcia war immer hungrig; sie häufte sich Fleisch und Kartoffeln und Salat auf den Teller, ohne das silberne Vorlegebesteck eines Blickes zu würdigen, und begann hingebungsvoll zu essen. »Es ist alles ganz toll«, sagte sie einmal zwischendurch. »Das Essen ist köstlich, Davie.«

»Ich freue mich, daß es dir schmeckt«, sagte David.

Er liebte es, die Gabel in der Hand zu spüren, sogar der Anblick, wie Marcia die Gabel zum Mund führte, gefiel ihm.
Marcia machte eine ausladende Bewegung. »Ich meine alles«, sagte sie, »die Einrichtung und die nette Wohnung und das Essen, einfach alles.«
»Mit gefällt es so«, sagte David.
»Ich weiß.« Marcias Stimme klang bekümmert. »Vermutlich sollte mir jemand mal beibringen, wie man's macht.«
»Du solltest deine Wohnung wirklich besser in Ordnung halten«, sagte David. »Du solltest zumindest Vorhänge anbringen und die Fenster geschlossen halten.«
»Ich denk' nie dran«, sagte sie. »Davie, du bist wirklich ein ganz toller Koch.« Sie schob den Teller weg und seufzte.
David errötete vor Glück. »Ich freue mich, daß es dir schmeckt«, sagte er noch einmal, und dann lachte er. »Ich habe gestern abend einen Kuchen gemacht.«
»Einen Kuchen.« Marcia sah ihn eine Weile an, und dann fragte sie: »Apfelkuchen?«
David schüttelte den Kopf, und sie sagte: »Ananas?«, und er schüttelte wieder den Kopf, und weil er es nicht mehr erwarten konnte, sagte er: »Kirschkuchen.«
»Ist ja toll!« Marcia stand auf, folgte ihm zur Kochnische und sah ihm über die Schulter, während er den Kuchen vorsichtig aus dem Brotkasten nahm. »Ist das der erste Kuchen, den du je gemacht hast?«
»Ich hab' schon zweimal einen gemacht«, gestand David, »aber der hier ist besser geworden.«
Sie sah begeistert zu, wie er große Stücke Kuchen abschnitt und sie auf orange Teller legte, dann trug sie ihren Teller zurück zum Tisch, probierte den Kuchen und machte wortlos Gesten der Anerkennung. David probierte den Kuchen ebenfalls und merkte kritisch an: »Ich glaube, er ist ein bißchen sauer. Mir ist der Zucker ausgegangen.«
»Besser könnte er gar nicht sein«, sagte Marcia. »Kirschkuchen hat mir schon immer am besten geschmeckt, wenn er richtig *sauer* war. Der ist mir noch nicht einmal sauer genug.«
David räumte den Tisch ab und schenkte Kaffee ein, und als er die Kaffeekanne wieder auf den Herd stellte, sagte Marcia: »Bei mir

klingelt es.« Sie öffnete die Wohnungstür und horchte, und sie konnten beide das Läuten in ihrer Wohnung hören. Sie drückte auf den Türöffner für die Haustür, und weit weg konnten sie schwere Schritte hören, die die Treppe heraufkamen. Marcia ließ die Tür offen und ging zurück zu ihrem Kaffee. »Wahrscheinlich der Vermieter«, sagte sie. »Hab' mal wieder die Miete nicht bezahlt.« Als die Schritte den obersten Treppenabsatz erreicht hatten, rief Marcia: »Hallo?« und lehnte sich in ihrem Stuhl zurück, um durch die Tür in den Korridor hinaussehen zu können. Dann sagte sie: »Sieh mal an, Mr. Harris.« Sie stand auf, ging zur Tür und streckte dem Besucher die Hand entgegen. »Kommen Sie herein«, sagte sie.

»Ich wollte nur mal vorbeischauen«, sagte Mr. Harris. Er war ein sehr großer, kräftiger Mann; sein Blick ruhte neugierig auf den Kaffeetassen und den leeren Tellern auf dem Tisch. »Ich will nicht beim Essen stören.«

»Ist schon in Ordnung«, sagte Marcia und zog ihn in die Wohnung. »Das ist Davie. Davie, das ist Mr. Harris, er arbeitet bei mir im Büro. Das ist Mr. Turner.«

»Guten Abend«, sagte David höflich, und der Mann musterte ihn aufmerksam und sagte: »Guten Abend.«

»Setzen Sie sich, setzen Sie sich doch«, sagte Marcia und schob ihm einen Stuhl hin. »Davie, wie wär's mit einer Tasse Kaffee für Mr. Harris?«

»Bitte bemühen Sie sich nicht«, sagte Mr. Harris. »Ich wollte nur mal vorbeischauen.«

Während David noch eine Tasse und eine Untertasse holte und dem anlaufsicheren Silberkasten einen Löffel entnahm, sagte Marcia: »Mögen Sie selbstgebackenen Kuchen?«

»Und ob«, sagte Mr. Harris bewundernd, »ich weiß schon gar nicht mehr, wie selbstgebackener Kuchen aussieht.«

»Davie«, rief Marcia fröhlich, »wie wär's, wenn du Mr. Harris ein Stück von dem Kuchen abschneiden würdest?«

Wortlos nahm Davie eine Gabel aus dem Silberkasten, holte einen orange Teller und legte ein Stück Kuchen darauf. Er hatte keine bestimmten Pläne für den Abend gehabt, vielleicht wären sie ins Kino gegangen, wenn es draußen nicht zu kalt war, zumindest hätte er ein kurzes Gespräch mit Marcia über den Zustand ihrer Woh-

nung geführt; Mr. Harris machte es sich auf dem Stuhl bequem, und als David schweigend den Kuchen vor ihn hinstellte, betrachtete er ihn eine Weile bewundernd, bevor er ihn probierte.
»Na so was«, sagte er schließlich, »das ist vielleicht ein Kuchen!« Er blickte zu Marcia. »Das ist ein wirklich guter Kuchen«, sagte er.
»Schmeckt er Ihnen?« fragte Marcia bescheiden. Sie blickte auf zu David und lächelte ihn über Mr. Harris' Kopf hinweg an. »Ich habe bisher nur zwei-, dreimal einen Kuchen gemacht«, sagte sie.
David hob eine Hand, um zu protestieren, aber Mr. Harris wandte sich ihm zu und fragte: »Haben Sie je in Ihrem Leben einen besseren Kuchen gegessen?«
»Ich glaube nicht, daß er David sehr geschmeckt hat«, sagte Marcia boshaft, »ich glaube, ihm war er zu sauer.«
»Ich mag sauren Kuchen«, sagte Mr. Harris. Er sah David argwöhnisch an. »Kirschkuchen *muß* sauer sein.«
»Jedenfalls freue ich mich, daß er Ihnen schmeckt«, sagte Marcia.
Mr. Harris aß den letzten Bissen Kuchen, trank seinen Kaffee und lehnte sich zurück. »Hat sich wirklich gelohnt, vorbeizuschauen«, sagte er zu Marcia.
Davids Wunsch, Mr. Harris loszuwerden, hatte sich unmerklich in das dringende Bedürfnis verwandelt, alle beide loszuwerden; seine saubere Wohnung, sein schönes Silber waren nicht als Vorwand für diese Art von neckischem Geplänkel gedacht, das Marcia und Mr. Harris veranstalteten; nahezu rüde nahm er Marcia die Kaffeetasse ab, die sie ihm über den Tisch entgegenhielt, trug sie hinaus in die Kochnische, kam zurück und griff nach Mr. Harris' Tasse.
»Laß doch, Davie, ehrlich«, sagte Marcia. Sie blickte auf und lächelte erneut, als ob sie und David sich gegen Mr. Harris verschworen hätten. »Ich mach' das alles morgen, Süßer«, sagte sie.
»Klar«, sagte Mr. Harris. Er stand auf. »Das kann warten. Gehen wir hinüber, und machen wir es uns gemütlich.«
Marcia stand auf und führte ihn ins Wohnzimmer, wo sie sich auf der Couch niederließen.
Der Anblick seines hübschen Tisches, der mit schmutzigem Geschirr und Zigarettenasche bedeckt war, hielt David zurück. Er trug die Teller und die Tassen und das Silber in die Kochnische, stapelte sie im Spülbecken, und weil er die Vorstellung, daß alles dort

herumstehen und der Schmutz darauf nach und nach antrocknen würde, nicht ertragen konnte, band er sich eine Schürze um und begann sorgfältig abzuwaschen. Ab und zu, während er spülte, abtrocknete und aufräumte, rief Marcia nach ihm, bisweilen fragte sie: »Davie, was machst du bloß?«, oder: »Davie, willst du nicht aufhören und rüberkommen?« Einmal sagte sie: »Davie, ich will nicht, daß du das ganze Geschirr spülst«, und Mr. Harris sagte: »Lassen Sie ihn doch, wenn es ihn glücklich macht.«

David stellte die sauberen gelben Tassen und Untertassen zurück ins Regal – Mr. Harris' Tasse war jetzt nicht mehr von den anderen zu unterscheiden; den nebeneinander aufgereihten sauberen Tassen sah man nicht mehr an, welche er benutzt hatte, oder welche Spuren von Marcias Lippenstift getragen hatte oder in welcher Davids Kaffee gewesen war, den er in der Kochnische ausgetrunken hatte – und schließlich nahm er den anlaufsicheren Kasten herunter und räumte das Silber auf. Als erstes legte er alle Gabeln in die Kerben, die vorläufig jeweils zwei Gabeln aufnahmen – später, wenn das Silber vollständig wäre, würden in jede Kerbe vier Gabeln passen –, und dann legte er die Löffel ordentlich einen neben den anderen in ihre eigenen Kerben und die Messer so, daß die Schneiden genau in dieselbe Richtung wiesen, befestigt mit Bändern im Deckel des Kastens. Buttermesser, Vorlegelöffel und Kuchenschaufel kamen jeweils an ihren eigenen Platz, und dann klappte David den Deckel über den schönen, glänzenden Bestecken zu und stellte den Kasten zurück ins Regal. Nachdem er den Spüllappen ausgewrungen, das Küchenhandtuch aufgehängt und die Schürze ausgezogen hatte, gab es nichts mehr zu tun, und er ging langsam hinüber ins Wohnzimmer. Marica und Mr. Harris saßen nebeneinander auf der Couch und unterhielten sich ernsthaft.

»Mein *Vater* hieß James«, sagte Marcia, als David hereinkam, so als ob sie eine Diskussion zu ihren Gunsten entscheiden wollte. Sie wandte sich um, als David das Zimmer betrat, und sagte: »Davie, es war wirklich nett von dir, das ganze Geschirr allein abzuspülen.«

»Ist schon in Ordnung«, sagte David verlegen. Mr. Harris betrachtete ihn ungeduldig.

»Ich hätte dir helfen sollen«, sagte Marcia. Nach kurzem Schweigen fuhr sie fort: »Willst du dich nicht setzen, Davie?«

David kannte den Ton; es war der Ton, den Gastgeberinnen gebrauchten, wenn sie nicht wußten, was sie sonst sagen sollten, oder wenn man zu früh gekommen war oder zu lange geblieben war. Es war der Ton, den er gegenüber Mr. Harris hatte anschlagen wollen.

»James und ich sprachen gerade über ...« setzte Marcia an, hielt dann inne und lachte. »Worüber sprachen wir eigentlich?« fragte sie und wandte sich zu Mr. Harris.

»Nichts Besonderes«, sagte Mr. Harris. Er beobachtete David noch immer.

»Tja ...« sagte Marcia und verstummte. Sie drehte sich zu David um, lächelte ihn strahlend an und sagte dann noch einmal: »Tja.«

Mr. Harris nahm den Aschenbecher vom Beistelltischchen und stellte ihn zwischen sich und Marcia auf die Couch. Er holte eine Zigarre aus seiner Tasche und fragte Marcia: »Stört es Sie, wenn ich eine Zigarre rauche?«, und als sie den Kopf schüttelte, wickelte er die Zigarre behutsam aus und biß das Endstück ab. »Zigarrenrauch ist gut für Pflanzen«, sagte er mit belegter Stimme, während er die Zigarre anzündete, und Marcia lachte.

David erhob sich. Einen Augenblick lang hielt er es für möglich, etwas zu sagen, was mit »Mr. Harris, ich wäre Ihnen dankbar, wenn ...« eingeleitet würde, aber was er schließlich tatsächlich sagte, während beide, Marcia und Mr. Harris, ihn ansahen, war: »Ich glaube, ich geh' jetzt besser, Marcia.«

Mr. Harris stand auf und sagte nachdrücklich: »Hab' mich sehr gefreut, Sie kennenzulernen.« Er streckte die Hand aus, und David drückte sie schlaff.

»Ich glaube, ich geh' jetzt besser«, sagte er noch einmal zu Marcia, und sie stand auf und sagte: »Tut mir leid, daß du so früh gehen mußt.«

»Hab' ne Menge zu tun«, sagte David viel freundlicher, als er beabsichtigt hatte, und Marcia lächelte ihn wieder an, als ob sie Verschwörer wären, ging hinüber zum Schreibtisch und sagte: »Vergiß deinen Schlüssel nicht.«

Überrascht nahm David den Schlüssel zu ihrer Wohnung, verabschiedete sich von Mr. Harris und ging zur Tür.

»Gute Nacht, Süßer«, rief ihm Marcia nach, und David sagte:

»Danke für dieses einfach *wunderbare* Abendessen, Marcia« und machte die Tür hinter sich zu.
Er ging den Korridor entlang und schloß Marcias Wohnung auf; das Klavier stand noch immer in der Gegend herum, die Zeitungen lagen noch immer auf dem Boden, ebenso wie die schmutzige Wäsche, das Bett war noch immer nicht gemacht. David setzte sich auf das Bett und blickte sich um. Es war kalt, es war schmutzig, und während er deprimiert an seine eigene warme Wohnung dachte, hörte er vom anderen Ende des Korridors her leises Gelächter und ein kratzendes Geräusch, wie wenn ein Stuhl verrückt würde. Dann ebenfalls leise, sein Radio. Erschöpft beugte sich David vor und hob eine Zeitung vom Boden auf, und dann begann er, eine nach der anderen einzusammeln.

JEAN RHYS

SCHLAFEN SIE IHREN RAUSCH AUS, LADY

An einem Oktobernachmittag trank Mrs. Baker Tee bei Miss Verney und sprach über die Bratpfannenfabrik, die mitten in dem Dorf, in dem beide lebten, errichtet werden sollte. Miss Verney hatte nicht sehr aufmerksam zugehört und sagte: »Weißt du, Letty, in letzter Zeit denke ich viel über den Tod nach. Merkwürdig – das tat ich sonst selten.«

»Nein, meine Liebe«, sagte Mrs. Baker, »das ist überhaupt nicht merkwürdig. Das ist ganz normal. Wir alten Leute sind ein bißchen wie die Kinder, wir leben gewöhnlich in der Gegenwart. Das hat die Vorsehung gnädig so eingerichtet.«

»Vielleicht», sagte Miss Verney zweifelnd.

Mrs. Baker meinte es freundlich, als sie »wir alten Leute« sagte, doch vergaß sie dabei nicht, daß sie erst dreiundsechzig war und mit ein bißchen Glück noch viele Sommer erleben würde (nach vielen Sommern stirbt der Schwan, wie irgend jemand gesagt hatte), während Miss Verney, die bestimmt schon einiges über Siebzig war, kaum auf dergleichen hoffen konnte. Mrs. Baker umklammerte die Armlehnen ihres Sessels. ›Viele Sommer, toi, toi toi, so Gott will‹, dachte sie. Dann stellte sie fest, daß es jetzt schon früh dunkel werde, und wie erstaunlich schnell die Zeit verfliege.

Miss Verney lauschte dem Geräusch des abfahrenden Wagens, ging zurück in ihr Wohnzimmer und sah durchs Fenster auf die flachen Felder, die Apfelbäume, den Fliederbaum, der nicht wieder blühen würde, nicht in den nächsten zehn Jahren, hatte man ihr gesagt, denn Flieder vertrage es nicht, wenn er gestutzt werde. In der Ferne gab es eine kleine Anhöhe – einen Hügel konnte man es eigentlich nicht nennen – und drei Bäume, die genau gleich aussahen und im gleichen Abstand voneinander standen, so daß sie künstlich wirkten. ›Es würde recht hübsch aussehen, wenn alles mit Schnee bedeckt wäre‹, dachte Miss Verney. ›Der Schnee – so weiß, so weich und eigentlich dann doch so langweilig. Selbst der gräßliche Schup-

pen würde nicht so übel aussehen.‹ Doch sie hatte beschlossen, nicht mehr an den Schuppen zu denken.
Daß er ein Schandfleck war, hatte Miss Verney schon konstatiert, als sie in das Häuschen gezogen war. Der Anstrich auf dem einst schwarzen verzinkten Eisenblech war zum großen Teil abgeblättert. Jetzt war die Farbe eher grünlich. Ein Stück vom Dach war locker und klapperte geräuschvoll bei windigem Wetter, und ein aus den Angeln gehobenes kleines Tor war gegen den Eingang gelehnt. Drinnen war es erstaunlich geräumig, im hinteren Teil nahezu dunkel. ›Was für eine Platzverschwendung‹, dachte Miss Verney. ›Das Ding muß abgerissen werden.‹ Seltsam, daß sie nicht schon früher daran gedacht hatte.
Mit Lumpen umwickelte Nägel ragten aus dem einzigen Dachbalken. Ein Blecheimer mit einem Loch stand herum, eine riesige Mülltonne. Brennesseln gediehen üppig in einer Ecke, doch es war die gegenüberliegende Seite, die sie störte. Hier lagen auf einem Haufen ein verrosteter Rasenmäher, ein alter Sessel, über den ein Teppich drapiert war, ein paar Säcke und die Reste von dem, was einmal ein Bündel Heu gewesen war. Sie stellte sich plötzlich vor, ein wildes und gefährliches Tier hause dort, und rief laut: »Komm raus, komm heraus, Shredni Vashtar, der Schöne.« Dann, ziemlich erschrocken über sich selbst, ging sie weg so schnell sie konnte.
Aber sie war nicht übermäßig beunruhigt. Der Maurer aus dem Dorf hatte ihr beim Einzug ein paar Kleinigkeiten repariert, und sie wollte mit ihm reden, wenn sie ihn das nächste Mal traf.
»Der Schuppen soll abgerissen werden?« fragte der Handwerker.
»Ja«, sagte Miss Verney. »Er ist scheußlich, und er nimmt so viel Platz weg.«
»Reichlich groß ist er ja«, sagte der Handwerker.
»Riesengroß. Wofür hat man ihn bloß benutzt?«
»Vermutlich für die Gartengeräte.«
»Es ist mir einerlei, wozu er da war«, sagte Miss Verney. »Ich will ihn aus dem Weg haben.«
Der Handwerker sagte, in der nächsten Woche werde er es nicht mehr schaffen, aber am Montag darauf werde er vorbeikommen und sehen, was er tun könne. Der Montag kam, und Miss Verney wartete, aber der Mann kam nicht. Als das ein zweites Mal passiert

war, begriff sie, daß er gar nicht vorhatte, zu kommen, und schrieb an eine Firma in der nächsten Stadt.

Ein paar Tage später klopfte ein fröhlicher junger Mann an ihre Tür, erklärte, wer er sei, und bat sie, ihm genau zu sagen, was sie wünsche. Miss Verney, der es gar nicht gutging, deutete mit dem Finger auf den Schuppen: »Das hier soll abgerissen werden. Können Sie das erledigen?«

Der junge Mann inspizierte den Schuppen, ging um ihn herum, stellte sich dann hin und betrachtete ihn.

»Ich will, daß er beseitigt wird«, sagte Miss Verney leidenschaftlich, »daß er komplett beseitigt und weggeschafft wird. Ich kann den Anblick nicht ausstehen.«

»Ein nettes Stück Arbeit«, sagte er freimütig.

Und Miss Verney begriff, was er damit sagen wollte. Lange nachdem sie gestorben und ihr Häuschen verschwunden wäre, würde der Schuppen immer noch dasein. Der Blecheimer und der verrostete Rasenmäher, die im Wind flatternden Lumpen. Das alles würde bis in alle Ewigkeit existieren.

Der junge Mann musterte sie etwas nervös und wurde geschäftsmäßig. »Ich verstehe, was Sie wollen, und natürlich können wir Ihnen einen Kostenvoranschlag machen. Aber sind Sie sich im klaren, daß Sie den Wert Ihres Hauses mindern, wenn Sie den Schuppen abreißen?«

»Warum?« fragte Miss Verney.

»Nun ja«, sagte er, »nur ganz wenige Leute würden hier ohne Wagen leben wollen. Man könnte ihn leicht zu einer Garage umbauen oder ihn sogar so benutzen, wie er ist. Natürlich können Sie entscheiden, wenn Sie den Voranschlag bekommen haben, ob Sie meinen, daß sich der Aufwand lohnt und ... der Ärger. Auf Wiedersehen.«

Als sie wieder allein war, fühlte sich Miss Verney so alt, einsam und hilflos, daß sie zu weinen begann. Kein Handwerker würde sich mit diesem Schuppen abgeben, nicht für den Preis, den sie sich leisten konnte. Aber das Weinen erleichterte sie, und bald war sie wieder ganz fröhlich. Es war lächerlich, ins Grübeln zu verfallen, sagte sie sich. Das Häuschen gefiel ihr recht gut. Eines Morgens würde sie aufwachen und wissen, was zu tun wäre, und in der Zwischenzeit

würde sie das Ding nicht mehr ansehen. Sie würde einfach nicht mehr daran denken.
Doch es war erstaunlich, wie der Schuppen sie in ihren Träumen verfolgte. Eines Nachts stand sie davor und sah, wie er seine Form veränderte und zu einem sehr eleganten, glänzenden dunkelblauen Sarg wurde, der weiß ausgelegt war. Er erinnerte sie an ein Kleid, das sie einst gehabt hatte. Eine Stimme hinter ihr sagte: ›Das ist die Wäsche.‹
›Sollte ich sie dann nicht wegräumen?‹ fragte Miss Verney in ihrem Traum.
›Jetzt noch nicht. Bald‹, sagte die Stimme, so laut, daß sie aufwachte.

Sie hatte die große Mülltonne zum Eingang des Schuppens geschleppt, und weil sie ihr zu schwer war, hatte sie veranlaßt, daß sie einmal in der Woche ans Tor getragen wurde, wo die Müllabfuhr sie leerte. Jeden Morgen holte sie einen kleinen gelben Eimer unter dem Ausguß hervor und entleerte ihn rasch in der großen Mülltonne, ohne sich aufzuhalten oder sich umzusehen. Eines Morgens hatte sich jedoch der Wind gelegt, der sonst immer wehte, und sie blieb stehen und überlegte, ob ein Anstrich mit weißer Farbe dem Ganzen etwas aufhelfen würde. Gestrichen sah es womöglich noch viel schlimmer aus, und außerdem, wen konnte sie mit der Arbeit beauftragen? Da sah sie etwas, das sie für eine Katze hielt, langsam im hinteren Teil des Schuppens entlanglaufen. Die Sonne schien durch einen Spalt in der Wand. Es war eine große Ratte. Entsetzt sah sie zu, wie das Tier unter dem alten Sessel verschwand, ließ den gelben Eimer fallen, ging so rasch sie konnte die Straße hoch und klopfte an die Tür eines schäbigen, strohgedeckten Hauses.
»O Tom, in meinem Schuppen gibt es Ratten. Ich hab' gerade eine riesige gesehen. Ich habe so schrecklich Angst vor ihnen. Was soll ich bloß machen?«
Als sie Toms Hütte verließ, war sie immer noch aufgeregt, hatte sich aber etwas beruhigt. Tom hatte ihr versichert, er habe ein todsicheres Rattengift, hatte versprochen, ihr zu helfen, und seine Frau hatte ihr eine Tasse starken Tee angeboten.
Er kam am selben Tag, um das Gift zu streuen, und als er hinterher

an ihre Tür klopfte und rief: »Alles in Ordnung?«, antwortete sie ganz fröhlich: »Ja, es geht mir gut, und danke fürs Kommen.«
Ein sonniger Tag folgte dem anderen, und sie vergaß beinahe, wie sehr die Ratte sie erschreckt hatte. »Sie ist tot oder weggelaufen«, versicherte sie sich selbst.

Als sie sie dann wieder sah, blieb sie stehen und starrte ungläubig hinüber. Das Tier lief quer durch den Schuppen, ebenso gemächlich wie beim erstenmal, und sie sah zu, unfähig, sich zu rühren. Es war eine riesige Ratte, das stand fest.
Diesmal stürzte Miss Verney nicht zu Toms Häuschen, um sich beruhigen zu lassen. Sie schaffte es bis zur Küche, immer noch mit dem leeren gelben Eimer in der Hand, warf die Tür zu und schloß sie ab. Dann machte sie alle Fenster zu und verriegelte sie. Als sie damit fertig war, zog sie die Schuhe aus, legte sich hin, zog die Decke über den Kopf und horchte auf das heftige Klopfen ihres Herzens.

Ich bin der Beherrscher all dessen, was ich seh'.
Mein Recht macht mir niemand streitig.

Genauso ging die Ratte.
Sie mußte in dem verrammelten dunklen Raum eingedämmert sein, denn auf einmal sah sie sich an einem Schreibtisch in der Sonne sitzen, wie sie Sprichwörter in ein liniertes Heft abschrieb: ›Glück und Glas, wie leicht bricht das. Müßiggang ist aller Laster Anfang. Trau schau wem‹, das Alphabet durch bis zum Z. Bei Z würde es wahrscheinlich um Zorn oder zornig gehen. Aber was würde ihnen beim X einfallen? Was war mit dem X?
Bei diesem Gedanken schlief sie vollends ein, wachte dann wieder auf, machte Licht, nahm zwei Schlaftabletten und verfiel in einen bleiernen Schlaf. Als sie dann wieder die Augen öffnete, war es Morgen, die nicht aufgezogene Uhr auf dem Nachttisch war stehengeblieben, doch an der Helligkeit konnte sie erkennen, wie spät es ungefähr war, und sie eilte in die Küche, um zu warten, bis Toms Wagen vorbeifahren würde. Die Luft war dumpf und stickig, doch sie dachte nicht im Traum daran, das Fenster zu öffnen. Als sie den Wagen kommen sah, rannte sie auf die Straße hinaus und winkte Tom, er solle anhalten. Es war, als hätte die Angst ihr Flügel

verliehen, und sie bewegte sich so rasch und leichtfüßig wie früher.
»Tom, Tom.«
Er hielt an.
»O Tom, die Ratte ist immer noch da. Ich hab' sie gestern abend gesehen.«
Steif stieg er aus dem Wagen. Kein junger Mann mehr, aber doch gewiß, ganz gewiß ein freundlicher Mann? »Ich hab' soviel Zeug gestreut, daß es für ein Dutzend Ratten reicht«, sagte er. »Wir wollen mal nachsehen.«
Er ging hinüber zum Schuppen. Sie folgte in ein paar Metern Abstand und beobachtete ihn, wie er an dem alten Rasenmäher rüttelte, die Säcke hin und herkickte, auf dem Heu und den Brennnesseln herumtrampelte.
»Hier ist keine Ratte«, sagte er schließlich.
»Aber es war eine da«, sagte sie.
»Hier war keine.«
»Es war eine riesengroße Ratte«, sagte sie.
Tom hatte runde braune Augen, ehrliche Augen, wie sie immer gedacht hatte. Aber nun blickten sie spöttisch, verschlagen, ja feindselig.
»Sind Sie sicher, daß es keine rosa Ratte war?«
Sie wußte, daß man im Dorf die Flaschen in ihrem Mülleimer zählte und darüber sprach. Aber Tom, den sie so nett fand?
»Ja.« Es gelang ihr, ihre Stimme unter Kontrolle zu halten. »Die Farbe ist ganz normal, aber das Tier ist sehr groß. Heißt es nicht, daß manchen Ratten heutzutage Gift nichts mehr ausmacht? Riesenratten.«
Tom lachte. »So was gibt's hier in der Gegend nicht.«
Sie sagte: »Ich habe Mr. Slade, der mir das Gras mäht, gebeten, den Schuppen auszuräumen, und er hat es mir auch versprochen, aber ich glaube, er hat's vergessen.«
»Mr. Slade hat sehr viel zu tun«, sagte Tom. »Er kann nicht gerade dann den Schuppen ausräumen, wenn's Ihnen paßt. Sie müssen warten. Sie glauben doch nicht, daß er alles stehen und liegen läßt und seine Zeit verschwendet, um nach was zu suchen, was gar nicht da ist?«

»Nein«, sagte sie. »Natürlich nicht. Aber es müßte, glaube ich, gemacht werden.« (Fast hätte sie gesagt: ›Ich kann's nicht, weil ich Angst habe.‹)
»Jetzt gehen Sie wieder rein und machen sich eine schöne Tasse Tee«, sagte Tom in freundlicherem Ton. »Es gibt keine Ratte in Ihrem Schuppen.« Und er ging zu seinem Wagen zurück.
Miss Verney ließ sich schwerfällig auf dem Sessel in der Küche nieder. ›Er glaubt mir nicht. Ich kann hier nicht allein bleiben, nicht, solange dieses Ungeheuer bloß ein paar Meter weit weg ist. Ich kann es nicht.‹ Doch eine andere, kalte Stimme bohrte: ›Wohin willst du gehen? Mit welchem Geld? Bist du wirklich so ein Feigling?‹

Nach einer Weile stand Miss Verney auf. Sie rückte alles Mobiliar von den Wänden weg, so daß sie wissen würde, daß nichts in den Winkeln lauerte, und beschloß, daß die Fenster, die zum Schuppen hinausgingen, weiterhin geschlossen und verriegelt bleiben sollten. Die anderen öffnete sie, aber nur die Oberlichter. Dann machte sie ein großes Paket mit all den Lebensmitteln, die die Ratte möglicherweise riechen konnte – Käse, Schinken, Speck, kalter Braten, praktisch alles ... sie würde es später Mrs. Randolph, der Putzfrau, geben.
›Aber keine Vertraulichkeiten mehr.‹ Mrs. Randolph würde so skeptisch sein, wie Tom es gewesen war. Eine nette Frau, aber eine Klatschbase; sie würde nicht der Versuchung widerstehen können, ihren Bekannten von der höchstwahrscheinlich eingebildeten Riesenratte zu erzählen, die ihre Arbeitgeberin terrorisierte.
Am nächsten Morgen sagte Mrs. Randolph, ein streunender Hund habe die große Mülltonne umgeworfen. Sie hatte alles vom Boden im Schuppen auflesen müssen. ›Das war kein Hund‹, dachte Miss Verney, doch sie empfahl lediglich, daß man den umgekehrt aufgesetzten Deckel mit zwei Steinen beschweren könne, das werde den Hund fernhalten.
Als sie sah, wie groß die Steine waren, hätte sie beinahe laut gesagt: ›Die Ratte möcht' ich sehen, die diesen Deckel aufkriegt.‹

Miss Verney war immer nachlässig, nie besonders pingelig gewesen. Das änderte sich jetzt. Jeden Tag verbrachte sie Stunden mit Fegen, Abstauben, räumte die Schränke auf und legte neues Papier in die Schubladen. Sie stürzte sich mit der Kehrichtschaufel auf jedes Staubkörnchen. Sie versuchte sich einzureden, daß die Ratte im Schuppen bleiben würde, solange sie das Haus makellos sauberhielt, versuchte, nicht darüber nachzudenken, was sie tun würde, falls sie ihr schließlich doch begegnen sollte.

›Ich würde auf der Stelle umfallen‹, dachte sie, ›*das* würd' ich tun.‹

Danach machte sie mit neuer Energie weiter, kehrte wieder ängstlich unter dem Bett, hinter den Schränken. Hinterher fühlte sie sich immer zu müde, um etwas zu essen, schlug ein Ei in kalter Milch auf, tat ordentlich Whisky dazu und schlürfte es langsam. ›Ich brauche zur Zeit nicht viel.‹

Doch sie verrichtete die Hausarbeit immer langsamer, ihre täglichen Gänge wurden immer kürzer. Schließlich ging sie überhaupt nicht mehr aus dem Haus. ›Wozu eigentlich?‹ Da sie nie Briefe beantwortete, kamen nach einer Weile auch keine mehr, und als Tom eines Tages an die Tür klopfte, um sich zu erkundigen, wie es ihr gehe, sagte sie: »Oh, es geht mir recht ordentlich«, und lächelte.

Er schien sich unbehaglich zu fühlen und sprach weder von Ratten noch vom Ausräumen des Schuppens. Sie auch nicht.

»Ich hab' Sie in letzter Zeit gar nicht gesehen«, sagte er.

»Oh, ich geh' jetzt den anderen Weg.«

Als sie hinter ihm die Tür schloß, dachte sie: ›Und ich hab' mir eingebildet, ich fände ihn nett. Merkwürdig.‹

»Tut's weh?« fragte der Arzt.

»Es ist mehr so ein komisches Gefühl«, sagte Miss Verney.

Der Arzt sagte nichts. Er wartete.

»Es ist, als würde mein Blut in die falsche Richtung fließen. Es ist wirklich ziemlich grauenhaft. Und dann kann ich mich manchmal eine Zeitlang nicht bewegen. Ich meine, wenn ich zum Beispiel eine Tasse halte, muß ich sie absetzen, weil mein Arm ganz leblos ist.«

»Und wie lange dauert das?«

»Nicht lange. Wahrscheinlich bloß ein paar Minuten. Es kommt mir nur sehr lang vor.«

»Passiert das oft?«
»In der letzten Zeit zweimal.«
Der Arzt meinte, er wolle sie lieber untersuchen. Nach einer Weile verließ er das Zimmer und kam mit einer halbvollen Flasche Tabletten zurück. »Nehmen Sie die dreimal am Tag – vergessen Sie's nicht, es ist wichtig. Lang bevor Sie sie aufgebraucht haben, werde ich bei Ihnen vorbeischauen. Sie bekommen dann ein paar Spritzen, die vielleicht etwas nützen, aber die muß ich erst bestellen.«
Als Miss Verney ihre Sachen an sich nahm, bevor sie das Sprechzimmer verließ, fragte er beiläufig: »Haben Sie Telefon?«
»Nein«, sagte Miss Verney. »Aber meine Nachbarn haben Telefon.«
»Das haben Sie mir schon einmal gesagt. Aber diese Leute wohnen doch ziemlich weit weg von Ihnen, nicht wahr?«
»Ich werde mir ein Telefon anschaffen«, beschloß Miss Verney. »Ich kümmere mich sofort darum.«
»Das ist gut. Sie werden nicht mehr so einsam sein.«
»Vermutlich nicht.«
»Rücken Sie keine Möbel hin und her, hören Sie? Heben Sie nichts Schweres. Und – (›O Gott‹, dachte sie, ›wenn er jetzt sagt: »Trinken Sie keinen Alkohol!«? – denn das ist unmöglich!‹) – machen Sie sich keine Sorgen«, sagte er.
Als Miss Verney das Sprechzimmer verließ, fühlte sie sich erleichtert, aber müde, und sie ging ganz langsam nach Hause. Es war ein ziemlich weiter Weg, denn sie wohnte im ärmeren Teil des Dorfes, in der Nähe der sozialen Wohnsiedlung. Das hatte ihr nie etwas ausgemacht. Sie war durch hohe dichte Hecken und ein, zwei Bäume geschützt. Natürlich hatte es eine Weile gedauert, bis sie sich an das Kindergeschrei gewöhnt hatte und an die Frauen, die vor den Haustüren standen und tratschten. Am Anfang hatten sie sie neugierig und, wie ihr vorkam, etwas mißbilligend angestarrt, aber bald hatten sie herausgefunden, daß sie harmlos war.
Mit der kleinen Deena war es freilich etwas anderes.
Die meisten Jungen im Dorf hießen Jack, Willie, Stan und so weiter – die Vornamen der Mädchen waren ausgefallener. Deenas Mutter hatte alle übertrumpft und ihre Tochter Undine getauft.
Deena, wie jedermann sie nannte, war ein großes rundliches Mäd-

chen von ungefähr zwölf Jahren mit einem hübschen, gesunden, doch etwas kuhähnlichen Gesicht. Nie machte sie bei den geräuschvollen Spielen mit, nie spielte sie Fußball mit Mülleimerdeckeln. Anscheinend verbrachte sie ihre ganze Zeit damit, stumm und ohne zu lächeln am Gartentor vor dem Haus ihrer Mutter zu stehen und jeden anzustarren, der vorbeiging.
Miss Verney hatte den Versuch längst aufgegeben, freundlich zu ihr zu sein. Der zynische Ausdruck in den Augen des Kindes verursachte ihr solches Unbehagen, daß sie auf die andere Straßenseite wechselte, um ihr aus dem Weg zu gehen, und manchmal war sie sogar so feige, sich zu vergewissern, daß Deena nicht da war, bevor sie aus dem Haus ging.
Jetzt sah sie besorgt die Straße entlang und war erleichtert, daß niemand zu sehen war. ›Natürlich‹, dachte sie bei sich, ›es wird kalt. Wenn der Winter kommt, bleiben sie alle im Haus.‹
Nicht, daß Deena die Kälte etwas ausgemacht hätte. Erst vor ein paar Tagen hatte Miss Verney aus dem Fenster geblickt und gesehen, wie das Mädchen, dem der eisige Wind nichts anzuhaben schien, draußen stand und auf die Haustür starrte, so als ob sie, wenn sie sich nur genügend anstrengte, durch das Holz sehen und herausfinden könnte, was in dem stillen Haus vor sich ging – was Miss Verney den ganzen Tag über trieb.

Eines Morgens, kurz nach dem Besuch beim Arzt, fühlte sich Miss Verney beim Erwachen außerordentlich wohl und glücklich. Sie war sich auch überhaupt nicht sicher, wo sie sich befand. Sie lag da und schwelgte in dem Gefühl wiedergewonnener Jugend, wiedergewonnener Gesundheit und erkannte allmählich die verschiedenen Möbelstücke wieder.
›Ach so, natürlich‹, dachte sie, als sie die Vorhänge zurückzog. ›An einem komischen Ort bin ich glücklich gelandet.‹
Der Himmel war blaßblau. Es ging kein Wind. Während sie die reglosen Bäume betrachtete, sang sie leise vor sich hin: »Der Tag aller Tage.« Sie hatte *Der Tag aller Tage* immer an ihrem Geburtstag gesungen. Zwischen zwei Jahren schwebend – dem vergangenen Jahr, dem nächsten Jahr –, hatte sie nie das Gefühl gehabt, irgendein Alter zu haben. Geburtstage waren ein Intervall, eine Ruhepause.

Erst während sie sich langsam anzog, fiel ihr auf einmal wieder die Ratte ein. Doch die Geschichte schien weit zurückzuliegen. ›Gott sei dank habe ich niemandem sonst erzählt, wie sehr ich mich fürchtete. Sobald ich Telefon habe, bitte ich Letty Baker zum Tee. Sie wird genau das Richtige vorschlagen.‹
Aus reiner Gewohnheit frühstückte sie, fegte und staubte ab, doch sogar noch langsamer als sonst und mit langen Pausen, in denen sie sich auf den Stiel ihrer großen, altmodischen Teppichkehrmaschine stützte und zu den Bäumen hinaussah. »Leb wohl, Sommer, leb wohl«, summte sie. Doch trotz trauriger Lieder kam ihr die Gewißheit, gesund und jung zu sein, nicht abhanden.
Plötzlich bemerkte sie zu ihrer Überraschung, daß es dunkel wurde. ›Und ich hab' die Mülltonne noch nicht ausgeleert.‹
Sie ging mit dem kleinen gelben Plastikeimer zum Schuppen und sah, daß die Mülltonne nicht da war. Mrs. Randolph hatte sie wohl ausnahmsweise vergessen und vor dem Tor stehen lassen. So war es auch.
Zuerst trug sie ohne große Mühe den Deckel herein, dann kippte sie die schwere Mülltonne um und stieß sie mit dem Fuß vorwärts. Aber das ging langsam. Sie wurde ungeduldig, hob die Tonne hoch, trug sie in den Schuppen und suchte nach den Steinen, die den Hund, vielmehr die Ratte ferngehalten hatten. Auch sie waren nicht da, und sie begriff, daß Mrs. Randolph, eine kräftige junge Frau, in der Eile den Eimer mitsamt den Steinen hinausgetragen haben mußte. Wahrscheinlich lagen die Steine auf der Straße, wo die Müllmänner sie hingeworfen hatten. Sie ging nachsehen, und da waren sie.
Sie hob den ersten Stein auf und ließ ihn sofort wieder fallen, überrascht, wie schwer er war. Hob ihn dann aber wieder auf, ging schwankend zum Schuppen und lehnte sich dann außer Atem gegen die kalte Wand. Nach ein paar Minuten fiel ihr das Atmen wieder leichter, sie war nicht mehr so erschöpft und so entschlossen, sich selbst zu beweisen, daß es ihr wieder gut ging, daß es sie auf die Straße trieb, wo sie den zweiten Stein aufhob.
Nach ein paar Schritten hatte sie das Gefühl, daß sie lange Zeit gegangen sei, jahrelang, hinabgezogen von einem unerträglichen Gewicht, und jetzt hatten die Kräfte sie verlassen, und sie konnte

nicht mehr. Trotzdem gelangte sie bis zum Schuppen, ließ den Stein fallen und sagte: »Das wär's jetzt, das hätten wir. Nur noch den gelben Plastikeimer leeren.« Morgen würde sie die Steine wieder auf den Deckel legen. Der gelbe Eimer war leicht, voller Papier, Eierschalen und altbackenem Brot. Miss Verney hob ihn auf ...

Sie saß auf dem Boden, den Rücken gegen die Mülltonne gelehnt, die Beine ausgestreckt, umgeben von zerrissenem Papier und Eierschalen. Ihr Rock war verrutscht, und auf ihrem bloßen Knie lag ein Stück trockenes Brot. Sie fror sehr, und es war schon fast dunkel.

›Was ist passiert‹, dachte sie, ›bin ich ohnmächtig geworden oder was? Ich muß ins Haus zurück.‹

Sie versuchte aufzustehen, aber es war, als klebe sie am Boden fest. ›Langsam‹, dachte sie. ›Keine Panik. Tief atmen. Entspannen.‹ Doch als sie es erneut versuchte, waren ihre Glieder schwer wie Blei. ›Es ist ja nicht das erstemal. Gleich geht's mir wieder besser‹, sagte sie sich. Doch es wurde sehr schnell dunkel.

Ein paar Frauen gingen auf der Straße vorüber, und sie rief nach ihnen. Zuerst: »Könnten Sie bitte ... Es tut mir leid, Sie belästigen zu müssen ...«, doch ein Wind war aufgekommen und blies in ihre Richtung, und niemand hörte sie rufen. »Hilfe!« rief sie dann. Noch immer hörte niemand sie rufen.

Bis zum Hals zugeknöpft, mit Einkaufsnetzen an der Hand, den Kopf in Tücher vermummt, gingen sie vorüber, und dann war die Straße leer.

Den Rücken gegen die Mülltonne gelehnt und vor Kälte zitternd, betete sie: »Lieber Gott, laß mich nicht hier liegen. Lieber Gott, mach, daß jemand kommt. Mach, daß jemand vorbeikommt!«

Als sie die Augen öffnete, war sie nicht im geringsten überrascht, eine Gestalt zu sehen, die an ihrem Eingangstor lehnte.

»Deena! Deena!« rief sie und versuchte dabei, die hysterische Erleichterung in ihrer Stimme zu unterdrücken.

Deena kam vorsichtig näher, blieb ein paar Meter von ihr entfernt stehen und betrachtete die neben der Mülltonne liegende Miss Verney mit ausdruckslosem Gesicht.

»Hör zu, Deena«, sagte Miss Verney. »Ich glaube, mir geht's nicht gut. Sei so nett und bitte deine Mutter – deine Mami –, den Arzt

anzurufen. Er wird sicher kommen. Und wenn sie mir bloß ins Haus zurück helfen könnte. Ich friere so ...«
Deena sagte: »Es hat keinen Zweck, wenn ich Mami bitte. Sie mag Sie nicht, und sie will nichts mit Ihnen zu tun haben. Sie kann hochnäsige Leute nicht ausstehen. Es weiß doch jeder, daß Sie sich einschließen, um sich zu betrinken. Man kann hören, wie Sie hin und her stolpern. ›Sie sollte mehr Wasser dazutun‹, sagte meine Mami. Schlafen Sie Ihren Rausch aus, Lady«, sagte dieses schreckliche Kind und hüpfte davon.
Miss Verney versuchte nicht, sie zurückzurufen oder mit ihr zu debattieren. Sie wußte, daß es zwecklos war. Allmählich überkam sie ein Gefühl von Betäubung und Schwäche, das stärker war als Kälte. Stärker als Furcht. Es war eine große Unlust, noch irgend etwas zu tun – es war beinahe Resignation. Selbst wenn jemand anderer käme – würde sie noch einmal um Hilfe rufen? Könnte sie es überhaupt? Sie kämpfte gegen das Gefühl der Betäubung und der Kälte an und versuchte ein letztes Mal, sich unter Aufbietung all ihrer Kräfte zu bewegen, damit wenigstens das Brot von ihrem Knie herunterfiel, denn nun begann die Furcht vor der Ratte, an die sie den ganzen Tag nicht gedacht hatte, sie wieder zu peinigen.
Es ging nicht.
Sie strengte ihre Augen an und spähte in die Ecke, aus der sie gewiß auftauchen würde – die Ecke mit dem alten Sessel und dem Teppich, die Ecke mit dem Bündel Heu. Würde das Tier sofort angreifen, oder würde es warten, bis es sicher war, daß sie sich nicht bewegen konnte? Früher oder später würde es kommen. Und so wartete Miss Verney in der Dunkelheit auf die Riesenratte.

Es war der Briefträger, der sie fand. Er brachte ein Bücherpaket für sie und ließ es wie gewöhnlich im Gang. Doch es mußte ihm einfach auffallen, daß alle Lichter an waren und alle Türen offen. Miss Verney befand sich bestimmt nicht im Haus.
»Vermutlich ist sie ausgegangen. Aber so früh und an einem so kalten Morgen?«
Beklommen sah er zurück zum Tor und bemerkte das Kleiderbündel in der Nähe des Schuppens.
Es gelang ihm, sie hochzuheben, und er führte sie zu dem Sessel in

der Küche. Auf dem Tisch stand eine offene Whiskyflasche, und er versuchte, ihr etwas davon einzuflößen, doch ihre Zähne waren fest aufeinandergepreßt, und der Whisky rann ihr über das ganze Gesicht.

Ihm fiel ein, daß es in dem Haus, in dem er als nächstes etwas abzuliefern hatte, Telefon gab. Er mußte sich beeilen.

Schneller, als man geglaubt hätte – wenn man bedenkt, daß das Dorf sehr abgelegen war –, erschien der Arzt und bald danach der Krankenwagen.

Miss Verney starb am selben Abend im nächsten Krankenhaus, ohne das Bewußtsein wiedererlangt zu haben. Der Arzt sagte, sie sei an einem Schock und vor Kälte gestorben. Er habe sie wegen eines Herzleidens behandelt, sagte er.

»Sehr verbreitet heutzutage – ein Herzleiden.«

RUTH RENDELL

DIE NEUE FREUNDIN

Für Paul Sidey

»Du weißt, was wir das letzte Mal gemacht haben?« sagte er.
Auf diesen Anruf hatte sie seit Wochen gewartet. »Ja.«
»Wie wär's mit einer Wiederholung? Hättest du Lust dazu?«
Das hatte sie, wollte aber auch nicht allzu eifrig auf seinen Vorschlag eingehen. »Warum nicht?«
»Dann am Freitagnachmittag, ja? Ich habe den ganzen Tag frei, und Angie fährt am Freitag immer zu ihrer Schwester.«
»Nicht *immer*, David.« Sie kicherte.
Auch er lachte kurz auf. »Aber diese Woche fährt sie. Ob wir wohl deinen Wagen nehmen können? Angie braucht unseren.«
»Aber klar doch. Ich hol dich gegen zwei ab, ja?«
»Ich lasse die Garage offen, damit du direkt hineinfahren kannst. Ach, und noch etwas, Chris – richte es so ein, daß du ein bißchen länger bleiben kannst. Ich wäre so gern einen ganzen Abend mit dir zusammen.«
»Ich will's versuchen«, sagte sie und dann: »Ich kann's bestimmt einrichten, ich sag Graham einfach, ich treffe mich mit meiner neuen Freundin.«
Er sagte auf Wiedersehen, und er freue sich auf den Freitag. Christine legte den Hörer auf. Sie hatte es fast aufgegeben gehabt, auf seinen Anruf zu warten. Trotzdem mußte noch ein Körnchen Hoffnung in ihr gewesen sein, denn sie hatte den Hörer nie neben den Apparat gelegt, wie es ihre Gewohnheit war.
Das letzte Mal hatte sie es an einem Donnerstag vor drei Wochen getan, an dem Tag, an dem sie Angie besuchen wollte und David allein zu Hause gewesen war. Christine hatte sich angewöhnt, den Hörer in der Tagesmitte neben den Apparat zu legen, um nicht ständig Anrufe für die Midlandbank entgegennehmen zu müssen. Ihre Telefonnummer unterschied sich nur um eine Zahl von der der Bank. An den meisten Tagen nahm sie den Hörer um halb zehn ab

und legte um halb vier wieder auf. Am Donnerstagnachmittag ging sie fast regelmäßig zu Angie und kümmerte sich nicht um das Telefon.
Christine kannte Angies Mann ziemlich gut. Wenn sie an den Donnerstagen ein bißchen länger blieb, sah sie ihn, sobald er aus der Arbeit kam. Manchmal gingen sie und Graham, Angie und David zu viert aus. David war Firmenvertreter wie Graham – oder Verkaufsrepräsentant, wie er sich lieber nannte, und nach dem Lebensstandard ihrer Freundin zu schließen, mußte er wesentlich erfolgreicher sein als Graham. Sie hatte ihn nie besonders anziehend gefunden, denn obwohl er groß war, wirkte er irgendwie mädchenhaft und hatte hellblondes, welliges Haar.
Graham war ein schwer gebauter, sehr dunkler Mann mit dunkel gebräunter Haut. Er mußte sich zweimal täglich rasieren. Christine war mit ihm gegangen, seit sie fünfzehn gewesen war, und an ihrem achtzehnten Geburtstag hatten sie geheiratet. Sie hatte nie einen anderen Mann näher gekannt, und wenn sie jetzt mit einem Mann allein war, war sie verlegen und fürchtete sich vor ihm. Sie hatte Angst, daß ein Mann über sie »herfallen« könnte, und der Gedanke allein erschreckte sie. Lange Zeit trug sie ein Taschenmesser in ihrer Handtasche herum, für den Fall, daß sie sich verteidigen mußte. Als sie eines Abends mit ein paar Freunden von Graham aus gewesen waren und sie ein paar Gläser getrunken hatte, vertraute sie ihm ihre Ängste an.
Er sagte, sie sei albern, schien sich jedoch zu freuen, daß sie so empfand.
»Als du weggingst, um mit diesen Leuten zu reden und ich mit John allein blieb, war mir furchtbar zumute. Ich war schrecklich nervös und wußte nicht, was ich mit ihm reden sollte.«
Graham brüllte vor Lachen. »Willst du damit etwa sagen, daß du gedacht hast, der gute alte John könnte versuchen, dich mitten in einem überfüllten Restaurant zu vergewaltigen?«
»Ich weiß nicht«, antwortete Christine. »Ich weiß nie, was sie tun werden.«
»Solange du dich nur nicht vor dem fürchtest, was ich tue«, sagte Graham und fing an sie zu küssen. »Alles andere ist unwichtig.«
Es hatte keinen Sinn, ihm jetzt – zehn Jahre zu spät – noch zu sagen,

daß sie sich vor dem fürchtete, was er tat. Daß sie sich immer davor gefürchtet hatte. Natürlich hatte sie sich inzwischen daran gewöhnt, hatte keine panische Angst davor. Sie ließ es resigniert über sich ergehen und fand es manchmal sogar recht lustig. David war jedoch der einzige Mann, bei dem sie sich wohl fühlte, wenn sie mit ihm allein war.
Beim erstenmal, an jenem Donnerstag, an dem Angie zu ihrer Schwester gefahren war und Christine telefonisch nicht erreicht hatte, um ihr abzusagen, hatte sie sich bei ihm wohl gefühlt. Und hinterher war sie glücklich und sorglos gewesen, obwohl das, was vorgegangen war, ihr am nächsten Tag wie ein Traum vorkam. Es schien einfach unglaublich. Schon ziemlich bald hatte er gefragt:
»Wirst du es Angie erzählen?«
»Nicht wenn du es nicht willst.«
»Ich glaube, es würde sie aufregen, Chris. Es könnte sogar das Ende unserer Ehe bedeuten. Siehst du ...« Er zögerte. »Siehst du, es war das erste Mal, daß ich ... Ich meine, bisher hat niemand ...« Er hatte ihr tief in die Augen gesehen. »Dem Himmel sei Dank, daß du es warst!«
Am nächsten Donnerstag hatte sie Angie besucht, wie gewöhnlich. In der Zwischenzeit hatte sie von David kein Wort gehört. Sie war lange geblieben, um ihn zu sehen, und ihr war vor lauter Spannung ein bißchen übel geworden. Als er hereinkam, hatte sie Herzklopfen bekommen.
Er sah ganz anders aus als am vergangenen Donnerstag, als er am Tisch gesessen und bei Radiomusik gelesen hatte. Er trug einen grauen Flanellanzug und eine graue, gestreifte Krawatte. Als Angie das Zimmer verließ, war Christine mit ihm eine Minute allein, und sie fühlte das Aufflackern jener Wachsamkeit, die der Vorläufer ihrer Angst war. Er brachte ihr einen Drink. Sie sah auf, begegnete seinem Blick, und alles war in Ordnung. Er lächelte ihr mit Verschwörermiene zu und legte den Zeigefinger auf seine Lippen.
»Ich ruf dich an«, flüsterte er ihr zu.
Sie mußte aber noch zwei Wochen warten. In der Zwischenzeit war sie zweimal bei Angie, und Angie war zweimal bei ihr. Dann gingen sie zu viert zusammen aus, und während Graham die Drinks holte und Angie sich hinter der Tür mit der Aufschrift *Damen* aufhielt, sah

David sie lächelnd an und berührte unter dem Tisch ihren Fuß ganz leicht mit dem seinen.
»Ich ruf dich an, ich hab's nicht vergessen.«
An einem Mittwoch rief er schließlich an. Am nächsten Tag erzählte Christine ihrem Mann, sie habe eine neue Freundin, ein Mädchen aus ihrer Firma. Am Freitag wolle sie mit dieser neuen Freundin ausgehen und komme nicht vor elf zurück. Sie hatte große Angst, daß er den Wagen nehmen würde – der *ihm* beziehungsweise der Firma gehörte –, aber zufällig hatte er den ganzen Tag im Büro zu tun, und dann fuhr er immer mit dem Zug. Christine hatte kein schlechtes Gewissen, weil sie ihn anlog, denn es handelte sich ja nicht um eine schmutzige Affäre. Es war ganz anders.
Am Freitag zog sie sich sehr sorgfältig an. Wenn sie zu Angie ging, trug sie normalerweise Jeans, ein T-Shirt und darüber einen Pollover. Das hatte sie auch das erste Mal angehabt, als sie mit David allein gewesen war. Jetzt schlüpfte sie in Rock und Bluse und holte ihre schwarze Samtjacke aus dem Schrank. Sie nahm die vorgeheizten Wickel aus dem Haar und bürstete es zu Locken, die ihr offen auf die Schultern fielen. Für Kleidung konnte sie nie viel ausgeben, dazu war nicht genug Geld da. Die Hypothek für das Haus fraß ein Drittel von Grahams Verdienst und die Hälfte des Gehalts, das sie für ihren Halbtagsjob bekam. Aber sie konnte sich eine schwarze Strumpfhose leisten, zu der sie die Schuhe mit den höchsten Absätzen trug, die sie besaß – ihre schwarzen Pumps.
Das Tor von Angies und Davids Garage stand weit offen, und der Wagen war nicht da. Christine bog in die Zufahrt ein, fuhr in die Garage und machte das Tor hinter sich zu. Eine Tür am Ende der Garage führte auf den Hof und in den Garten hinter dem Haus. Die Küchentür war unverschlossen wie am Donnerstag vor drei Wochen und eigentlich an jedem Donnerstagnachmittag. Sie machte die Tür auf und trat in die Küche.
»Bist du das, Chris?«
Die Stimme klang männlich. Nur sein Anblick konnte ihre Unruhe beschwichtigen. Als sie in der Halle stand, kam er die Treppe herunter.
»Du siehst bildhübsch aus«, sagte er.
»Du aber auch.«

Er trug ein Kostüm aus marineblauer Seide mit einem Muster aus hellroten und weißen Blumen. Der Rock war sehr kurz, die Jacke mit einem breiten marineblauen Wildledergürtel an der Taille eng geschnürt. Das lange goldblonde Haar fiel ihm über die Schultern, er war stark geschminkt und hatte sich diesmal auch die Fingernägel lackiert. Er war viel schöner als das erste Mal.

Damals, vor drei Wochen, hatte laute Radiomusik Christines Eintritt übertönt, und sie hatte plötzlich vor diesem Mädchen gestanden, das am Tisch gesessen und in der *Vogue* gelesen hatte. Im ersten Moment hatte sie geglaubt, es sei Davids Schwester. Sie hatte vergessen, daß Angie ihr erzählt hatte, David sei ein Einzelkind. Das Mädchen hatte langes blondes Haar und trug ein rotes, getupftes Sommerkleid, weiße Sandalen und um den Hals eine weiße Perlenkette. Als Christine sah, daß sie kein Mädchen, sondern David vor sich hatte, wußte sie nicht, wie sie reagieren sollte.
Stumm und reglos hatte er sie angestarrt und dann das Radio ausgeschaltet. Und dann hatte Christine etwas absolut Albernes, in dieser Situation ganz und gar Unangebrachtes gesagt.
»Was machst du um diese Zeit zu Hause, David?«
Darüber hatte er lächeln müssen. »Ich bin fertig für heute, also habe ich mir den Rest des Tages freigenommen. Ich hätte die Hintertür abschließen müssen. Aber setz dich, da du schon mal hier bist.«
Sie setzte sich. Sie mußte ihn ununterbrochen ansehen. Er sah nicht aus wie ein als Mädchen verkleideter Mann, er sah aus wie ein Mädchen und war viel hübscher als sie oder Angie.
»Weiß Angie Bescheid?«
Er schüttelte den Kopf.
»Aber warum tust du es?« platzte sie heraus und sah sich im Zimmer um, in Angies kleinem, unordentlichen Wohnzimmer, betrachtete das Radio, das Exemplar der *Vogue*. »Was hast du davon?« Plötzlich fiel ihr etwas ein, das sie in einem Illustriertenartikel gelesen hatte. »Hat deine Mutter dir Mädchenkleider angezogen, als du noch klein warst?«
»Ich weiß nicht«, erwiderte er. »Vielleicht. Ich erinnere mich nicht. Ich will kein Mädchen sein. Ich ziehe mich nur gern manchmal wie ein Mädchen an.«

Der erste Schock war vorüber, und sie fand zu ihrer alten Ungezwungenheit zurück. Sein Aussehen hatte nichts Groteskes. Er erinnerte sie auch nicht an einen dieser Männer, die auf der Bühne Frauen darstellen. Ihr kam der sonderbare Gedanke, daß es *schöner* und irgendwie kultivierter war, eine Frau zu sein, und wenn alle Männer den Frauen ähnlicher gewesen wären ... Das war natürlich albern, es war unmöglich.
»Und es genügt dir, dich schick zu machen und allein hier zu sitzen?«
Er antwortete nicht sofort. Dann meinte er: »Da du schon fragst – am liebsten würde ich ja so ausgehen, und ...« Er unterbrach sich und sah sie an. »Am liebsten möchte ich, daß viele Leute mich so sehen. Bisher hatte ich noch nie die Courage dazu.«
Die kühne Idee kam ihr, ohne daß sie einen Moment überlegen mußte. Sie wollte es tun, und sie begann vor Erregung zu zittern.
»Komm, dann gehen wir eben aus, du und ich. Und zwar jetzt sofort. Ich fahre mein Auto in eure Garage, damit du einsteigen kannst, ohne daß die Nachbarn dich zu sehen bekommen, und dann fahren wir irgendwohin. Genau das tun wir jetzt, David. Einverstanden?«
Sie wunderte sich hinterher, daß es ihr so großen Spaß gemacht hatte. Nach außen hin war es doch nichts anderes als ein Spaziergang zweier Mädchen in Hampstead Heath. Hätte Angie ihr den Vorschlag gemacht, hätte sie gedacht, das sei eine trübsinnige Art, einen Nachmittag zu verbringen. Aber mit David ... Es hatte ihr nicht einmal etwas ausgemacht, daß er viel besser angezogen, größer, hübscher und anmutiger war als sie. Es störte sie auch jetzt nicht, als er die Treppe herunter auf sie zukam und vor ihr stehenblieb.
»Was unternehmen wir heute?«
»Diesmal gehen wir nicht in den Park«, antwortete er. »Machen wir einen Einkaufsbummel.«
In einem der großen Warenhäuser kaufte er sich eine Bluse. Christine ging mit ihm in die Kabine, und er probierte die Bluse an. Später gingen sie doch in den Park. In den Hyde Park diesmal. Später am Abend aßen sie in einem Restaurant, und Christine stellte fest, daß sie die einzigen Frauen ohne männliche Begleitung waren.

»Ich bin dir dankbar«, sagte David und legte auf dem Tisch die Hand über die ihre.
»Es macht mir Spaß«, antwortete sie. »Es ist so – verrückt. Es macht mir wirklich einen Heidenspaß. Aber du solltest meine Hand lieber nicht festhalten. Der Mann dort drüben guckt schon komisch.«
»Aber Frauen halten sich bei den Händen«, wandte David ein.
»Nur *diese* Sorte Frauen. – David, das könnten wir doch an jedem Freitag machen, an dem du nicht arbeiten mußt.«
»Warum nicht?« sagte er.
Es gab nicht den geringsten Grund für Schuldgefühle. Sie tat Angie nicht weh und war Graham nicht untreu. Sie ging nur ganz harmlos mit einem anderen Mädchen aus. Graham interessierte sich nicht für ihre neue Freundin, er fragte nicht einmal, wie sie hieß. Christine begann sich nach den Freitagen zu sehnen, konnte sie kaum erwarten – besonders nicht jenen Moment, in dem sie Angies Haus betrat und David die Treppe herunterkam, und auch nicht jenen Moment, in dem sie aus dem Wagen stiegen und er die ersten Blicke auf sich zog. Sie besuchten den Holland Park, sie gingen in den Zoo, in die Kew Gardens. Im Kino legte der Mann auf dem Nachbarsitz David die Hand aufs Knie. David war begeistert, es war ein Triumph für ihn, aber Christine flüsterte ihm zu, sie müßten die Plätze wechseln, und das taten sie auch.
Wenn sie sich am Ende des Abends trennten, küßte er sie zart auf die Lippen. Er duftete nach *Alliage, Je Reviens* oder *Opium*. Im Lauf des Nachmittags gingen sie gewöhnlich in eines der großen Kaufhäuser und besprühten sich aus den Probierflaschen.

Angies Mutter lebte im Norden Englands. Da sie nach einer Operation noch erholungsbedürftig war, fuhr Angie zu ihr, um sie zu pflegen. Sie rechnete damit, zwei Wochen auszubleiben, und in der zweiten Woche ihrer Abwesenheit mußte Graham mit dem Verkaufsmanager seiner Firma nach Brüssel reisen.
»Wir könnten übers Wochenende wegfahren«, sagte David.
»Graham ruft bestimmt an«, wandte Christine ein.
»Dann nur für eine Nacht. Nur von Samstag auf Sonntag. Du kannst ihm sagen, daß du mit deiner neuen Freundin ausgehst und erst spät nach Hause kommst.« »Na schön.«

Sie war traurig, weil sie nichts Hübsches zum Anziehen hatte. David hatte eine kleine, aber sehr elegante Auswahl an Kostümen, Kleidern, Schuhen, Schals und schöner Unterwäsche. Er bewahrte sie in einem Schrank im Büro auf, zu dem nur er einen Schlüssel hatte. Hin und wieder nahm er in seinem Aktenkoffer das eine oder andere Stück heimlich nach Hause mit und brachte es auf demselben Weg wieder zurück ins Büro.
Christine fand es einfach ungerecht, daß sie in ihrem grauen Flanellrock, der weißen Seidenbluse und der schwarzen Samtjacke wegfahren sollte, während David in einem Kleid von Zandra Rhodes erschien. In einem Anfall von Leichtsinn kaufte sie sich für zwei Wochengehälter ein Leinenkostüm.
Sie fuhren mit Davids Wagen. Er hatte alle Vorbereitungen übernommen, und Christine dachte, ihr Ziel sei ein Motel, ungefähr zwanzig Meilen außerhalb von London. Sie hatte geglaubt, es sei David ziemlich gleichgültig, wohin sie fuhren. Doch er überraschte sie durch seine Wahl eines Hotels in einem dreihundert Jahre alten Haus an der Küste von Suffolk.
»Wenn wir's schon tun, dann auch mit Stil«, sagte er.
Sie fühlte sich bei ihm geborgen, und sie war sehr glücklich. Immer wieder versuchte sie sich vorzustellen, was sie empfinden würde, wenn sie jetzt unterwegs wäre, um eine Nacht mit ihrem Geliebten in einem Hotel zu verbringen? Wenn die Person neben ihr kein schwarz auf weiß gemustertes Seidenkleid mit scharlachroter Jacke, sondern einen Männeranzug mit Hemd und Krawatte getragen hätte? Wenn das Gesicht, das sie so gern sah, nicht mit Rouge und Maskara geschminkt und gepudert, sondern rauh und nicht mehr ganz frisch rasiert gewesen wäre? Es gelang ihr nicht, sich das vorzustellen. Eigentlich konnte sie nur daran denken, daß sie dann wohl an der ersten roten Ampel aus dem Wagen springen würde.
Sie hatten nebeneinanderliegende Einzelzimmer. Sie waren sehr klein, aber Christine sah ein, daß ein Doppelzimmer für David ein paar Peinlichkeiten mit sich gebracht hätte, da er sich irgendwann einmal – sie dachte höchst ungern daran – rasieren und ausziehen, sich gewissermaßen in seinen Urzustand zurückversetzen mußte.

Als sie ihr Nachthemd und das zweite Paar Schuhe auspackte, kam er herein und setzte sich aufs Bett.
»Das macht Spaß, nicht wahr?«
Sie nickte, blinzelte ihr Spiegelbild an und bearbeitete ihre Lider mit einer kleinen Bürste. David schminkte sich die Augen immer sehr schön. Sie drehte sich zu ihm um und lächelte.
»Komm, jetzt gehen wir runter und trinken etwas«, sagte er.
Der Speisesaal, die Bar, die Hotelhalle hatten niedrige Balkendekken und geschnitzte Wandtäfelungen. David sagte, es sei eine Täfelung mit Faltwerkfüllung. An den Wänden hingen goldgerahmte alte Landkarten und Jagdszenen, und auf den Tischen standen kupferne Krüge mit Rosen. Hohe, weit geöffnete Türen führten auf eine Terrasse. Die Sonne stand noch hoch am Himmel, und es war sehr warm. Während Christine auf der Terrasse in der Sonne saß, holte David die Drinks. Als er zurückkam, brachte er einen Mann mit, einen untersetzten, dicken Mann von etwa vierzig Jahren, der ein Tablett mit vier Gläsern trug.
»Das ist Ted«, sagte David.
»Ich bin entzückt«, sagte Ted, »und ich habe meinen Freund gebeten, sich uns anzuschließen. Sie haben doch nichts dagegen?«
Die Spielregeln verlangten, daß sie sagte, sie haben nichts dagegen. David sah sie an, und sein Blick verriet ihr, daß er Ted ganz bewußt »angemacht« hatte.
»Aber warum denn?« fragte sie ihn hinterher. »Warum wolltest du das? Du hast mir doch gesagt, es war dir unangenehm, als dir der Mann im Kino die Hand aufs Knie legte?«
»Das war so direkt – so körperlich. Das hier ist nur Spaß. Du glaubst doch nicht, daß ich mich von ihm anfassen lasse!«
Ted und Peter saßen beim Abendessen am Nebentisch. Christine war schweigsam und zurückhaltend, aber David flirtete mit den beiden. Ted beugte sich immer wieder herüber, flüsterte mit ihm, und David kicherte und lächelte. Man sah ihm an, daß er sich unglaublich amüsierte. Christine wußte, daß die beiden sie und David nach dem Abendessen auffordern würden, mit ihnen auszugehen, und sie begann sich zu ängstigen. Angenommen, David trieb den Spaß auf die Spitze und ließ sich dazu hinreißen, mit Ted zu verschwinden, ließ sie mit Peter allein? Peter hatte ein rotes

Gesicht, ein schwarzes Bärtchen und einen Kinnbart und auf der linken Wange eine Warze, aus der schwarze Haare wuchsen. Christine und David aßen Steaks, und der Ober brachte ihnen scharfe und spitze Steakmesser. Sie benutzte ihr Messer nicht. Das Steak war sehr zart. Als niemand aufpaßte, steckte sie das Steakmesser in ihre Handtasche.

Ted und Peter tranken noch Kaffee und Brandy, als David plötzlich aufstand. »Kommst du?« wandte er sich an Christine.

»Ich nehme an, du hast mit den beiden noch eine Verabredung für später getroffen?« fragte Christine, nachdem sie den Speisesaal verlassen hatten.

David sah sie an. Seine scharlachroten Lippen verzogen sich zu einem breiten Lächeln. Dann lachte er.

»Ich habe ihnen einen Korb gegeben.«

»Hast du das wirklich?«

»Ich hab dir angesehen, daß du am liebsten das Weite gesucht hättest. Außerdem wollen wir doch allein sein, nicht wahr? Ich jedenfalls möchte mit dir allein sein.«

Ihre Erleichterung war so groß, daß sie fast laut seinen Namen gerufen hätte, so daß jeder es hören konnte. Sie beherrschte sich, aber sie zitterte. »Natürlich möchte ich mit dir allein sein«, erwiderte sie.

Sie hakte ihn unter. Es war schließlich ganz alltäglich, daß Mädchen untergehakt gingen. Männer drehten sich nach David um, und einer pfiff sogar hinter ihm her. Sie wußte, daß der Pfiff nur David gelten konnte, weil er mit seinem langen blonden Haar und den hochhackigen roten Sandalen so attraktiv aussah. Sie schlenderten die kleine Seepromenade entlang. Es war auch jetzt, um halb neun, noch zu warm für einen Mantel. Es waren viele Leute unterwegs, aber keine Menschenmassen. Der Ort war zu exklusiv, um die Masse anzuziehen. Sie gingen bis ans Ende des Piers, tranken noch ein Glas im *Ship Inn* und ein zweites in den *Fishermen's Arms*. In den *Fishermen's Arms* versuchte ein Mann, David anzusprechen, doch diesmal war er kalt und abweisend.

»Ich würde gern den Arm um dich legen«, sagte er auf dem Rückweg. »Aber ich glaube, das geht nicht gut, obwohl es dunkel ist.«

»Laß es lieber«, sagte Christine. Und dann plötzlich: »Das war der schönste Abend meines Lebens.«
Er sah sie an. »Meinst du das wirklich ernst?«
Sie nickte. »Es war der schönste, ehrlich.«
Sie kamen ins Hotel. »Ich lasse uns noch ein paar Drinks heraufbringen. In mein Zimmer. Einverstanden?«
Christine setzte sich aufs Bett. David ging ins Bad. Um sich zu schminken, dachte sie, vielleicht auch um sich zu rasieren, bevor der Kellner ihn sieht, der die Drinks bringt. Es klopfte, und der Kellner kam mit einem Tablett herein, darauf standen zwei hohe Gläser mit einer Flüssigkeit, in dem Früchte und Blätter schwammen. Daneben zwei rosafarbene Servietten, zwei aufgespießte Oliven und zwei grün verpackte Pfefferminzbonbons.
Christine kostete den Drink. Sie aß eine Olive. Sie machte die Handtasche auf, nahm Spiegel und Lippenstift heraus und zog sich die Lippen nach. David kam aus dem Badezimmer. Er hatte die goldblonde Perücke abgenommen und sich das Gesicht gewaschen. Rasiert hatte er sich nicht, und auf Kinn und Wangen waren helle Bartstoppeln zu sehen. Er war barfuß, hatte nackte Beine und trug einen sehr männlichen marineblauen Frotteebademantel. Sie bemühte sich, ihre Enttäuschung zu verbergen.
»Du hast dich aber verändert«, sagte sie strahlend.
Er zuckte mit den Schultern. »Es gibt Grenzen.«
Er hob sein Glas, und sie hob ihr Glas, und er sagte: »Auf uns!«
Irgendwo, ganz tief in ihr, begann sich Panik zu regen. Plötzlich war er so ganz, so unverwechselbar Mann. Sie rutschte ein Stückchen von ihm weg.
»Ich wünschte, wir hätten das ganze Wochenende für uns.«
Christine nickte nervös. Ihr wurde bewußt, daß sie angefangen hatte, am ganzen Körper leicht zu zittern. Er hatte es ebenfalls bemerkt. Schon einmal war ihm aufgefallen, daß starke Gefühlsaufwallungen sie zum Zittern brachten.
»Chris«, sagte er.
Völlig passiv und verängstigt saß sie da.
»Ich bin in Wirklichkeit gar nicht wie eine Frau, Chris. Ich spiele es nur manchmal zum Spaß. Das weißt du doch, nicht wahr?« Die Hand, die sie berührte, roch nach Nagellackentferner. Auf dem

Handgelenk wuchsen Haare, die sie bisher noch nie gesehen hatte. »Ich bin dabei, mich in dich zu verlieben«, sagte er. »Und dir geht es genauso, nicht wahr?«

Sie konnte nicht sprechen. Er nahm sie bei den Schultern. Er preßte die Lippen auf ihren Mund, legte die Arme um sie und begann sie zu küssen. Seine Haut war ein wenig rauh, und er roch genauso nach Mann wie Graham. Sie schüttelte sich, ein Schauer überlief sie. Er stieß sie aufs Bett und fing an sie auszuziehen – seine Lippen lagen noch auf den ihren, sein Körper lastete schwer auf ihr.

Sie tastete hinter sich, schob die Hand in die offene Handtasche und zog das Messer heraus. Weil sie seinen regelmäßigen Herzschlag an ihrer rechten Brust fühlte, wußte sie, wohin sie stechen mußte, und sie stach und stach und stach. Hellrotes Herzblut sprudelte auf ihre Kleider, auf das Bett und auf die beiden Pfefferminzkrembonbons auf dem Tablett.

PATRICIA HIGHSMITH

DER KNOPF

Roland Markow beugte sich über seinen Arbeitstisch, der in der Ecke ihres gemeinsamen Schlafzimmers stand, und versuchte erneut, sich zu konzentrieren. Schultz hatte nämlich versäumt, seine Rendite aus den Festgeldern am Jahresende anzugeben. Roland hatte jetzt Schultz' Gesamtbeträge von Dezember vor sich; auch sämtliche Unterlagen von Schultz lagen vor ihm, seine Einnahmen sowie die bezahlten Rechnungen der zwölf Monate des Jahres. Aber mußte er das alles wirklich selber durchgehen und die Einkünfte aus den Schultzschen Festgeldern und aus Gott weiß was sonst noch – ein paar Wertpapieren, soviel er wußte – ausrechnen? Schultz war freier Gebrauchsgrafiker. Er hielt sich für tüchtig und ordentlich, wie Roland wußte, doch mit dieser Ansicht war er von der Wahrheit weit entfernt.

»Guu – – *wurr* – kaah!« Da war wieder die unbekümmerte Stimme, ganz laut, obgleich zwischen der Stimme und Roland zwei geschlossene Türen lagen.

»Guu – wu – wuu«, sagte die Stimme seiner Frau, leiser und mit einem Lächeln im Ton.

Zum Übelwerden, dachte Roland. Es klang, als wollte Jane den Idioten noch ermuntern. *Das Kind,* verbesserte sich Roland und beugte sich wieder über Schultz' Steuererklärung.

Es war die anstrengendste Zeit im Jahr – Ende April –, in der Roland, ebenso wie seine beiden Kollegen – ständig noch Arbeit mit nach Hause nahm. Das Finanzamt hatte seine festen Abgabetermine. *Frisier sie doch,* dachte Roland hinsichtlich der Zinsen aus den Festgeldern. Er hätte den Betrag leicht schätzen können, bis auf hundert Dollar oder so, aber so ein Mann war Roland Markow eben nicht. Er war von Natur aus peinlich genau und ehrlich und er war überzeugt, daß seine Klienten auf die Dauer besser fuhren, wenn er eine peinlich genaue und ehrliche Steuererklärung für sie einreichte. Er konnte auch Schultz nicht anrufen und bitten, es selber zu machen, denn hier auf dem Schreibtisch lagen Schultz' gesamte Belege in zwölf Umschlägen, wovon jeder mit dem betreffenden

Monatsnamen versehen war. Er mußte schon selber alles durchsehen, und es war jetzt Mitternacht.
»Guu – *wurr* – kaah – *wurr-r* – kaah!« schrie Bertie.
Roland konnte es nicht mehr aushalten. Er sprang auf, ging zur Tür, schritt über den kleinen Flur und klopfte flüchtig, bevor er die Tür zu Berties Zimmer halb öffnete.
Jane kniete auf dem Fußboden; sie hockte auf ihren Fersen und lächelte strahlend, als ginge es ihr prächtig. Die Augen hinter den dunklen, runden Brillengläsern blickten richtig fröhlich drein, und ihre Hände lagen entspannt auf den Schenkeln.
Vor ihr saß Bertie, ein plumpes Häufchen, mit verschwommenem Blick und heraushängender dicker Zunge. Das Kind hatte nicht mal zu Roland hinübergeblickt, als die Tür aufging.
»Wie kommst du voran mit der Arbeit, Lieber?« fragte Jane. »Weißt du, daß es zwölf Uhr ist?«
»Ja, ich weiß, ich kann's nicht ändern. *Muß* er andauernd dieses Gurr-wurka sagen? Was soll das bloß heißen?«
Jane lachte leise. »Gar nichts, Lieber. Nur ein Spiel. Ich weiß, du bist müde. Tut mir leid, wenn wir laut waren.«
Wir. Unsinniger Zorn stieg in Roland auf. Ihr Kind war mongoloid, bekloppt, hoffnungslos schwachsinnig. Mußte sie da »wir« sagen? Roland versuchte zu lächeln; er schob das glatte dunkle Haar aus der Stirn und merkte erstaunt, daß sie mit Schweiß bedeckt war.
»Gut. Es hörte sich bloß für mich wie Gurka an – du weißt doch, diese indischen Soldaten. Ich wußte nicht, was er vorhatte.«
»Grr-waah«, sagte Bertie und fiel seitwärts um auf den Teppich. Er lächelte nicht. Einen Augenblick sah es aus, als träfe der Blick der schrägstehenden Augen Rolands Blick, aber Roland wußte, das stimmte nicht. Epikanthus, Mongolenfalte nannte man diese unbedeutende Abnormität.
Roland war die ganze Terminologie für Kinder – für Organismen –, die an Mongolismus litten, vertraut; selbstverständlich hatte er vor Jahren, als Bertie geboren wurde, alles darüber gelesen. Die komplizierten Informationen blieben haften, wie irgendwelche religiösen Riten, die er als Kind gelernt hatte. Roland war das alles verhaßt, weil man für Bertie nichts tun konnte. Was nützte es also, die ganzen Einzelheiten zu kennen?

»Du bist müde, Rollie«, sagte Jane. »Wär's nicht besser, du würdest jetzt schlafen gehen und vielleicht morgen eine Stunde früher aufstehen?«
Erschöpft schüttelte Roland den Kopf. »Weiß nicht. Werd's mir überlegen.« Er hätte gern gesagt: Sieh doch bloß zu, daß er *still* ist! Aber er wußte, es machte Jane Freude, abends mit Bertie zu spielen, und es war auch, weiß Gott, ganz unwichtig, wann Bertie schlafen ging. Je länger er abends aufblieb, desto länger schlief er vielleicht und verhielt sich still am nächsten Morgen. Bertie hatte ein eigenes Zimmer, dieses Zimmer hier, mit einem niedrigen Bett, einigen schweren Stühlen, die er nicht umwerfen konnte (er hatte erstaunliche Kräfte), und einem schweren, niedrigen Holztisch, dessen Ecken Roland abgerundet und abgeschmirgelt hatte. Auf dem Fußboden lagen weiche Spielsachen aus Gummi, damit, falls Bertie sie ans Fenster schleuderte, die Scheiben nicht zerbrachen. Bertie hatte dünnes rötliches Haar, einen kleinen Kopf, der oben und hinten abgeflacht war, eine kurze, platte Nase und einen Mund, der immer offenstand und nur ein rosa Loch war, aus dem meistens die übergroße Zunge heraushing. Die Zunge hatte häßliche Querfurchen, und natürlich sabberte er ständig. Am schrecklichsten war, daß sie ihn zehn, fünfzehn Jahre – oder wie lange er noch lebte – auf dem Hals haben würden. Roland hatte gelesen, daß Mongoloide häufig im Alter zwischen zehn und zwanzig oder noch früher an Herzversagen starben, aber Dr. Reuben Blatt, ihr Hausarzt, hatte bei Bertie kein schwaches Herz festgestellt. Ach nein, dachte Roland bitter, so viel Glück hatten sie nicht.
Roland drückte den Kugelschreiber mit den Fingerspitzen der rechten Hand gegen die Handfläche. Das schlimmste war, daß Jane sich so völlig verändert hatte. Er betrachtete sie, wie sie so dasaß, sich vorbeugte, gurrte und Bertie anlächelte, als wäre er, Roland, gar nicht mehr im Zimmer. Jane hatte zugenommen und trug im Hause nur noch Schlappen, selbst zum Einkaufen, wenn das Wetter es zuließ. Sie hatten fast alle Freunde verloren in den letzten vier oder fünf Jahren – alle außer Evy und Peter Drummond, die noch weiter mit ihnen zusammentrafen, aber wohl nur aus morbider Neugier, dachte Roland. Auf jeden Fall fragten sie immer, wenn sie auf einen Drink oder zum Dinner kamen, ob sie Bertie ein paar Minuten sehen

dürften. Um sicherzugehen, brachten sie gewöhnlich irgendwas mit, ein kleines Spielzeug oder Süßigkeiten, aber Roland konnte die gierigen Augen, mit denen sie Bertie betrachteten, nie vergessen. Die Drummonds waren fasziniert von Bertie, wie man von einem Horrorfilm fasziniert sein konnte – von etwas, das nicht von dieser Welt war. Und Roland dachte immer: Von dieser Welt – nein, seinen Lenden entsprungen, wie es in der Bibel hieß, aus Janes Mutterleib gekrochen. Irgend etwas war schiefgelaufen. Laut Statistik passierte so etwas unter siebenhundert Geburten einmal, vorausgesetzt, die Mutter war nicht über vierzig. Jane war nicht über vierzig gewesen, sie war siebenundzwanzig. Nun, sie waren eben der eine Fall unter siebenhundert. Deutlich, als wäre es erst gestern oder letzte Woche gewesen, erinnerte sich Roland an den Gesichtsausdruck des Geburtshelfers, als er aus dem Kreißsaal kam. Der Arzt – den Namen wußte Roland nicht mehr – hatte die Stirn gerunzelt und die Lippen leicht geöffnet, als suche er nach den richtigen Worten, was in der Tat auch der Fall gewesen war. Er hatte gewußt, daß die Schwester dem unruhig wartenden Roland bereits eine wirre und recht alarmierende Erklärung abgegeben hatte.

»Ah, ja – Mr. Markow? Ja – Ihr Kind ... Es ist ein Junge. Tut mir wirklich sehr leid, aber es ist kein normales Kind. Ich wollt's Ihnen lieber gleich sagen.«

»Down's syndrome.« Im ersten Augenblick hatte Roland das gar nicht mit Mongolismus – einem Wort, das er kannte – in Verbindung gebracht, doch Sekunden später hatte er verstanden. Er entsann sich an seine Verwirrung bei dieser Mitteilung; sie war stärker als seine Enttäuschung. Und seine Frau – war sie ganz in Ordnung? Ja, und sie hatte das Kind noch nicht gesehen.

Roland sah das Kind etwa eine Stunde später. Es lag in einem winzigen Metallkasten, einem von insgesamt etwa dreißig Metallkästen, die man durch die Glaswand des sterilen und besonders geheizten Raumes, in dem die Neugeborenen lagen, sah. Keiner hätte ihm seinen Sohn zu zeigen brauchen: den winzigen Kopf mit der flachen Schädeldecke, die Augen, die schräg zu stehen schienen, obwohl sie geschlossen waren, als Roland sie zum erstenmal sah. Andere Babys regten sich, ballten die kleinen Fäuste, öffneten

den Mund und atmeten, gähnten. Bertie bewegte sich nicht. Aber er lebte. O ja, sehr sogar.
Roland hatte sich über Mongoloiden orientiert und erfahren, daß sie sich im Mutterleib seltsam still verhielten. »Nein, er strampelt noch nicht«, hatte Jane ein halbes dutzendmal wohlmeinenden Freundinnen zur Antwort gegeben, die sich während der Schwangerschaft nach ihrem Befinden erkundigten. »Vielleicht liest er schon Bücher«, hatte sie manchmal hinzugefügt. (Jane las sehr viel; sie hatte ein Stipendium für Vassar gehabt und im Hauptfach politische Wissenschaften studiert.) Wie anders hatte sie damals ausgesehen! Roland machte sich klar, daß er sie kaum für die gleiche Frau gehalten hätte – die Jane von vor fünf Jahren und die von heute. Sie war schlank und anmutig gewesen, mit schönen Fesseln, glattem, kurzgeschnittenem braunem Haar, einem intelligenten hübschen Gesicht und hellen freundlich dreinblickenden Augen. Die schönen Fesseln hatte sie immer noch, doch selbst das Gesicht war plumper geworden, und sie bewegte sich nicht mehr mit der alten jugendlichen Leichtigkeit. Roland kam es so vor, als hätte sie sich vollkommen auf Bertie konzentriert. Sie war zu einer Art Monument geworden, einem überwiegend statischen Etwas, schwerfällig, besessen, konzentriert auf Bertie und die Sorgen um ihn. Nein, mehr Kinder wollte sie nicht; sie wollte kein zweites Risiko eingehen, sagte sie manchmal fröhlich, obgleich das Risiko fast Null war. Beide, sowohl Roland als auch Jane, hatten ihr Blut wegen der Chromosomenzählung untersuchen lassen. Meistens war die Frau die »Erbträgerin«, aber Jane fehlte kein Chromosom, und auch Roland nicht. Das war ganz eindeutig. Hätte eins gefehlt, so hätte das bedeuten können, daß eins der vorhandenen fünfundvierzig das »Translokations-Chromosom« in sich trug, das in einem von drei Fällen ein mongoloides Kind hervorbrachte. Wenn er und Jane also ein zweites Kind bekommen würden, so ständen ihre Chancen wieder eins zu siebenhundert.*

* Lt. ärztlicher Auskunft ist das zwar nicht falsch, aber unklar ausgedrückt. Im Ullstein Lexikon der Medizin heißt es: »Ursache ist eine Störung in der Teilung des Chromosoms Nr. 21, die dazu führt, daß es im Zellkern dreimal statt zweimal enthalten ist. Tritt besonders bei Kindern älterer Mütter (über vierzig) auf.« (AdÜ)

Mehr als einmal war Roland der Gedanke gekommen, Bertie »einzuschläfern«, wie man das bei hoffnungslos kranken Hunden und Katzen nannte. Natürlich hatte er davon nie ein Wort zu Jane oder sonst jemandem gesagt, und jetzt war es zu spät. Er hätte vielleicht gleich nach Berties Geburt – selbstverständlich mit Janes Einwilligung – den Arzt darum bitten können. Jetzt jedoch war Bertie, woran Jane Roland oft erinnerte, ein menschliches Wesen. War er das wirklich? Berties IQ war vermutlich fünfzig, das wußte Roland. Das war der Durchschnitt bei Mongoloiden. Berties IQ war niemals festgestellt worden.

»Rollie!« Jane lag auf dem Rücken. Sie hatte sich auf die Ellbogen gestützt und lächelte ihm zu. »Du siehst aber wirklich erschöpft aus, Liebes. Wie wär's mit heißer Schokolade? Oder mit Kaffee, wenn du wirklich noch aufbleiben mußt? Schokolade wäre aber besser für dich.«

Roland murmelte irgendwas. Er mußte noch mindestens eine Stunde arbeiten, denn außer der Schultzschen Steuererklärung hatte er noch zwei weitere vorliegen. Roland starrte auf den krötenähnlichen Körper seines Sohnes – ja, seines *Sohnes* –, der jetzt, ebenso wie Jane, auf dem Rücken lag: stummelartige Beine, kurze Arme mit quadratischen, plumpen Händen an den Enden, Händen, die zu nichts fähig waren, mit unentwickelten Daumen, Fehlbildungen, die nichts festhalten konnten. Womit hatte er, Roland, das verdient? Bertie hatte natürlich eine Windel an, eine übergroße Windel. Er sah tatsächlich mit fünf wie ein übergroßes Baby aus. Er hatte auch keinen Hals. Roland fühlte einen liebevollen Klaps auf seinem Arm, als seine Frau auf dem Weg in die Küche an ihm vorbeischlüpfte.

Wenige Minuten später stellte Jane eine dampfende Tasse Schokolade neben ihn. Roland saß wieder über der Arbeit. Er hatte Schultz' Zinseingänge aus den Festgeldern gefunden, die Schultz ordnungsgemäß im April und im Oktober notiert hatte. Mit Schultz war Roland damit fertig. Er griff nach dem nächsten Dossier, dem von James P. Overland, Manager eines Restaurants in Long Island. Schluckweise trank er die heiße Schokolade. Ja, sie wirkte beruhigend, angenehm, war aber *nicht* das, was er nach Janes Worten brauchte. Was er brauchte, war eine liebevolle Frau im Bett, leidenschaftlich und zärtlich, ja, sexy, so wie Jane früher gewesen war. Was sie beide brauchten, war ein gesunder Sohn im Zimmer gegenüber, ein Sohn, der Bücher las, der sich vielleicht sogar schon an Robert Louis Stevenson heranwagte, so wie es Roland und Jane in Berties Alter getan hatten; ein Kind, das versuchen würde, heimlich ein Licht brennen zu lassen, nachdem alle Lichter gelöscht waren, um noch ein paar Abenteuergeschichten zu verschlingen. Bertie würde nie die Aufschrift auf einer Cornflakes-Packung lesen können.

Jane hatte gesagt, sie wollte heute nacht auf dem Sofa schlafen, damit er an seinem Tisch im Schlafzimmer arbeiten konnte. Sie konnte nicht schlafen, wenn im Schlafzimmer Licht brannte. Auf dem Sofa hatte sie schon oft geschlafen; sie hatten eine Steppdecke, die über das Sofa gelegt werden konnte, und zuweilen hatte auch Roland dort geschlafen, um Jane abzulösen in den Nächten, wenn Bertie unruhig war. Bertie wachte manchmal in der Nacht auf und begann, in seinem Zimmer umherzugehen und mit dem Kopf gegen die Tür oder eine Wand zu schlagen, und einer von ihnen mußte dann aufstehen, zu ihm gehen und eine Weile mit ihm sprechen und meistens auch die Windel wechseln. Der Teppich war in einem schrecklichen Zustand, dachte Roland, nur sah man bei dem sehr dunklen Blau die Flecken nicht, die er sicher hatte. Der Hausarzt hatte ihnen Beruhigungsmittel für Bertie gegeben, aber weder Roland noch Jane wollten, daß Bertie süchtig wurde.

»Zum Satan mit dem Kerl!« murmelte Roland. Er meinte James P. Overland, an dessen Gesicht er sich nach den beiden Unterredungen vor einigen Monaten kaum erinnerte. Overland hatte seine Einnahmen und Ausgaben nicht annähernd so gut zusammengestellt wie der Werbegrafiker Schultz. Und Rolands Kollege Greg MacGregor hatte ihm den ganzen Kram aufgehalst! Natürlich hatte auch Greg jetzt überreichlich zu tun, dachte Roland; auch er würde in seiner Wohnung in der 23rd Street sicher noch bis spät in die Nacht hinein arbeiten; trotzdem – Greg war schließlich der jüngere Kollege und hätte die schwierigen Arbeiten als erster übernehmen müssen. Rolands Aufgabe war es, letzte Hand anzulegen und jedes nur legitime Schlupfloch und jede Lücke in der Steuergesetzgebung zu finden, die vom Finanzamt zugelassen wurde, und er kannte sie

alle auswendig. »Ich werd' mir Greg morgen mal vorknöpfen«, schimpfte Roland leise vor sich hin, aber er wußte, er tat es doch nicht. So wichtig war die Sache nicht. Er war einfach nur todmüde, zornig, verbittert.
»Guuh – – F*wurr* – – kaah!«
Hatte er es gehört, oder war es nur Einbildung? Wie spät mochte es sein?
Zwanzig nach eins! Roland stand auf, sah, daß die Schlafzimmertür geschlossen war, und öffnete nervös die Tür zum Wohnzimmer ein wenig. Jane lag auf dem Sofa und schlief; er konnte gerade das blasse Blau der Steppdecke und den dunkleren Fleck, Janes Kopf, erkennen. Sie war von Berties Schrei nicht aufgewacht. Allmählich gewöhnte sie sich daran, dachte Roland. Warum auch nicht? Vor dem »Guuh-*wurr*-kaah« war es »Aaaachch!« gewesen, wie in den Horrorfilmen oder den Comicstrips. Und vorher?
Roland saß wieder an seinem Arbeitstisch. Vorher? Er starrte auf die Steuererklärung, die nach James P. Overland an die Reihe kam (an den er einen Zettel geschrieben hatte, der ihm morgen früh telefonisch vorgelesen werden sollte, sofern ihn eine Sekretärin erreichen konnte), und grübelte doch tatsächlich darüber nach, was Bertie damals vor dem »Aaachch!« von sich gegeben hatte. War er im Begriff, den Verstand zu verlieren? Er rutschte auf seinem Stuhl hin und her, setzte sich aufrecht hin und beugte sich dann wieder über das fast fertige Formular; er ließ den Kugelschreiber in der Luft schweben, während er eine Liste mit einzelnen Posten durchging. Es hatte keinen Zweck: er las die Worte, die Zahlen, aber sie ergaben keinen Sinn. Hastig erhob er sich.
Kleiner Spaziergang, sagte er sich. Vielleicht sollte er heute abend lieber aufhören, wie Jane es vorgeschlagen hatte, und es dafür morgen ganz früh von neuem versuchen. Aber erst ein bißchen draußen herumlaufen, sonst konnte er nicht schlafen, das wußte er. Er war hellwach und kribbelig vor lauter übersprudelnder Energie.
Als er auf Zehenspitzen durch das dunkle Wohnzimmer auf die Tür zuging, hörte er einen leisen, schläfrigen Klageton aus Berties Zimmer. Es war ein quäkender Laut, der meistens bedeutete, daß Berties Windel gewechselt werden sollte. Dazu war Roland jetzt

einfach nicht imstande. Das Quäken würde schließlich Jane aufwecken, das wußte er, und dann konnte sie sich darum kümmern. Sie mußte sich morgen früh nicht auf den Weg zu einem Arbeitsplatz machen. Jane hatte ihre Stellung bei einer Forschungsgruppe der United Nations aufgegeben, als Bertie geboren wurde; nur hätte sie, und das sagte sich Roland zum hundertstenmal, die Arbeit nicht aufgegeben, wenn Bertie kein Mongoloide gewesen wäre. Sie wäre auf ihren Posten zurückgekehrt, wie sie es vorgehabt hatte. Aber Jane hatte damals sofort eine Entscheidung getroffen; Bertie, ihr kleines Baby, war von nun an für sie ein Full-time-job.

Es war eine Erlösung, an die frische Luft zu kommen, in die Dunkelheit draußen. Roland wohnte an der East 52nd Street und wandte sich jetzt nach Osten. Zwei junge Liebende, die sich engumschlungen hielten, schlenderten langsam auf ihn zu; das Mädchen legte den Kopf zurück und lachte leise. Der Junge beugte sich schnell über sie und küßte sie auf die Lippen. Sie waren wahrscheinlich in einer anderen Welt, dachte Roland. Verglichen mit der seinen, lebten sie tatsächlich in einer anderen Welt. Wenigstens waren diese Kinder gesund und glücklich. Auch er und Jane waren einmal so gesund und glücklich gewesen – genau wie diese beiden. Und das war erst sechs Jahre her! Es kam ihm jetzt unglaublich vor. Womit hatten sie das verdient? Schicksal oder was? Roland fiel nichts dazu ein. Er war nicht religiös und glaubte so wenig an Gebete oder ein Leben nach dem Tode, wie an Glück. Ein Mann formte sein Schicksal selbst. Roland Markow war der Enkel armer Immigranten. Auch seine Eltern hatten noch keine Hochschule besuchen können. Roland hatte in New York als Werkstudent gearbeitet und zu Hause gewohnt.

Roland ging jetzt mit schnellen Schritten die First Avenue hinunter, in Richtung Innenstadt, die Hände in den Taschen seines Regenmantels, den er sich aus dem Flurschrank geholt hatte, obwohl es nicht regnete. Auf dem Gehweg waren nur wenige Leute, doch auf der breiten Einbahnstraße floß ein Strom von Taxen und Privatwagen stadtwärts. Jetzt quollen aus einem Café an der Ecke sechs oder acht junge Leute heraus, auf den Bürgersteig, alle etwa vierzehn oder fünfzehn; sie lachten und schwatzten; ein Junge sprang zweimal wie bei einem Springspiel hoch in die Luft, bis ein Mädchen

seine Hand ergriff. Auch hier Gesundheit und Jugend! Nie würde Bertie so springen. Er würde gehen können, das konnte er schon jetzt einigermaßen, aber einen Freudensprung machen, damit ihm ein Mädchen zulächelte? Niemals.
Roland kochte plötzlich vor Zorn. Er blieb stehen und preßte die Lippen aufeinander, als wäre er im Begriff, zu explodieren; dann blickte er hinter sich auf den Weg, den er gekommen war, dachte flüchtig an Umkehr, aber im Grunde kümmerte es ihn gar nicht, wie spät es wurde. Er war überhaupt nicht müde, obgleich er jetzt schon im Süden der 34th Street angelangt war. Er dachte daran, Bertie zu erwürgen, mit den eigenen Händen zu erwürgen. Bertie würde sich nicht mal sehr wehren, das wußte Roland; er würde gar nicht mitbekommen, was passierte, bis es zu spät war. Roland wandte sich um und ging in Stadtrichtung weiter; an einer Verkehrsampel überquerte er die Straße und wandte sich nach Osten. Es machte ihm nichts aus, den Rest der Nacht herumzustreifen. Alles war besser, als schlaflos zu Hause zu liegen, allein in dem Bett da.
Auf dem Gehweg kam ihm ein untersetzter Mann, kleiner als er selber, entgegen. Er trug keinen Hut, hatte einen Schnurrbart und sah leicht beunruhigt aus. Der Mann hatte den Blick zu Boden gesenkt.
Ohne nachzudenken sprang Roland ihn an. Er merkte nicht einmal, daß er im Sprung die Hände nach der Kehle des Mannes ausstreckte. Der jähe Stoß ließ den Mann hintenüber stürzen, und Roland fiel auf ihn. Ein Stückchen auf allen vieren kriechend, packte er die Kehle des Mannes noch fester und zerrte ihn nach links in den Schatten des riesigen dunklen Apartmenthauses links vom Gehweg. Roland drückte ihm die Daumen ins Fleisch. Der Mann gab keinen Ton von sich; seine Zunge quoll hervor, soviel konnte Roland sehen – ganz ähnlich wie Berties. Die buschigen Brauen des Mannes schossen in die Höhe, seine Augen waren weit aufgerissen – graue Augen, wie Roland registrierte. Mit einem Ruck zog er die umgefallene Gestalt drei oder vier Fuß weiter nach links auf eine dunkle Stelle zu, die er für ein Loch hielt. Er dachte nicht etwa nach; er hatte nur links ein dunkles Feld oder eine Vertiefung wahrgenommen, und es drängte ihn, den Mann da hinunterzuschieben, ihn zu vernichten. Roland keuchte jetzt, hatte aber die Hände

immer noch an der Kehle des Mannes. Er blickte auf die dunkle Stelle und sah, daß es ein sehr schmaler Pfad zwischen zwei Häusern war. Der dunkle Fleck waren ein schwarzes Eisengeländer und eine schwarze Eisentreppe, die abwärtsführte. Er zerrte den Mann noch etwas weiter, bis sein Kopf und die Schultern über den Stufen hingen. Dann richtete Roland sich auf und atmete durch den Mund. Der Kopf des Mannes lag im Dunklen; nur ein Teil der Hosenbeine und der schwarzen Schuhe war sichtbar. Roland bückte sich, packte den untersten Knopf der graukarierten Jacke des Mannes und riß ihn mit einem Ruck ab. Er steckte ihn in seine Tasche. Dann ging er den Weg zurück, den er gekommen war, immer noch mit offenem Mund atmend. Zwei Männer kamen ihm entgegen, doch er achtete nicht auf sie, er hörte nur ein paar Worte.

»... weißt du, da hab' ich ihr einfach gesagt, sie soll sich zum Teufel scheren«, sagte der eine.

Der andere Mann lachte. »Im Ernst?«

An der Ecke der First Avenue wandte sich Roland erneut stadtwärts. Sein nächster Gedanke, oder vielmehr das nächste, was er wahrnahm, war, daß er vor der hauptsächlich aus Glas bestehenden Eingangstür seines Apartmenthauses stand. Für die Tür brauchte er seinen Schlüssel, und die Schlüssel steckten, wie immer, in der linken Hosentasche. Er blickte sich um; flüchtig kam ihm der Gedanke, das Taxi, mit dem er gekommen war, könnte gerade wieder abfahren. Aber er war ja zu Fuß gekommen. Natürlich, er hatte doch einen Spaziergang gemacht. Daran erinnerte er sich ganz klar. Jetzt war er angenehm müde.

Roland nahm den Lift und betrat dann ganz leise die Wohnung. Jane lag noch schlafend auf dem Sofa; sie bewegte sich, als er durch das Wohnzimmer ging, aber sie wachte nicht auf. Wie vorher ging er auf Zehenspitzen. Auf seinem Arbeitstisch brannte noch die Lampe. Er zog sich aus, wusch sich leise im Badezimmer und ging zu Bett. Er hatte einen Mann umgebracht. Immer noch spürte er den leisen Schmerz in den Daumen, deren Muskeln er so angestrengt hatte. Der Mann war nun tot. Ein Mensch war tot, anstelle von Bertie. So sah er es, fühlte er es jetzt. Für ihn war es ein Vergeltungsakt, eine Revanche. Etwa nicht? Womit hatten er und Jane Bertie

verdient? Womit hatten all die gesunden normalen Menschen, die auf der Welt herumspazierten, womit hatten *sie* ihr Glück verdient? Mit gar nichts. Sie waren einfach geboren. Roland schlief ein.
Als Jane ihm um halb acht eine Tasse Kaffee ans Bett brachte, fühlte sich Roland ausnehmend wohl. Er dankte ihr mit einem Lächeln.
»Ich dachte, heute laß ich dich mal schlafen, was auch passieren mag«, sagte Jane fröhlich. »Deine *Gesundheit* ist wichtiger als alle Steuererklärungen, Liebes.« Sie war schon angezogen, trug einen ihrer Bauernröcke, der ihre ausladenden Hüften und Schenkel kaschierte, dazu eine blaue Bluse, die sie nicht erst in den Rock gesteckt hatte, und ihre alten hellblauen Schlappen. »Und was möchtest du denn gern zum Frühstück? Hören sich Eierkuchen gut an? Der Teig ist schon fertig, weil Bertie sie so gern mag. Oder lieber Rühreier mit Speck?«
Langsam trank Roland seinen Kaffee. »Eierkuchen wären prima. Hoffentlich auch mit Speck.«
»Na klar, mit Speck! Zehn Minuten.« Jane verschwand in der Küche.
Roland war den ganzen Tag gut gelaunt. Jane machte eine Bemerkung darüber, bevor er an jenem Morgen die Wohnung verließ, und im Büro sagte Greg: »Mit dir ist wohl 'n Wunder geschehen? Beim Pferderennen gewonnen oder was? Hast du den Stapel auf deinem Schreibtisch gesehen?«
Roland hatte ihn gesehen und ihn auch erwartet. Greg hatte bis halb drei Uhr früh gearbeitet, sagte er, und er sah auch so aus. Die Telefone – vier Stück – klingelten den ganzen Tag: Rückrufe von Klienten, denen Roland oder Greg telefonisch oder schriftlich Fragen gestellt hatten. Roland fühlte sich heute eher zuversichtlich als fröhlich. Er war gelassen und ruhig, und wenn er deshalb fröhlich aussah, so war das Zufall. Er konnte sich jetzt sagen, daß das Büro die Wochen vor den letzten Ablieferungsterminen im vergangenen und auch im vorletzten Jahr genauso nervös war und Überstunden durchzustehen hatte, und irgendwie hatten sie es immer geschafft.
Roland trug heute die gleiche Hose, und der Knopf war in der rechten Tasche. Er zog ihn heraus, als er einen Augenblick allein im Büro war, und betrachtete ihn im Licht, das durch sein Fenster fiel. Er war graubraun, mit Löchern, in denen noch etwas grauer Faden

hing. Roland zog ihn heraus und ließ die kleinen Fädchen in den Papierkorb fallen. Hatte er tatsächlich einen Mann erdrosselt? Die Vorstellung erschien ihm an diesem Nachmittag um zehn Minuten nach vier ganz unmöglich. Er stand in seinem freundlichen Arbeitszimmer mit dem grünen Teppich, den blaßgrünen Gardinen und den weißen Wänden voll vertrauter Bücher und Akten. Der Knopf, dachte er, mochte von irgendwoher stammen. Er konnte von einem seiner eigenen Jacketts abgegangen sein, er konnte ihn in die Tasche geschoben haben in der Absicht, Jane zu bitten, ihn anzunähen, wenn sie mal Zeit hatte.

Kurz nach fünf (das Büro – einschließlich der beiden Sekretärinnen – arbeitete bis sieben) kam es Roland in den Sinn, heute abend mal in der *Post* nach der Entdeckung einer Leiche zu suchen, die man in der – in welcher Straße? – gefunden hatte. Aber Roland scheute schnell zurück vor dieser Idee. Warum sollte er in den Zeitungen nachsehen? Was hatte er damit zu tun? Es gab keinerlei Hinweise, wie es in den Krimis hieß. Blanke Phantasie, das Ganze. Eine Leiche in der East 40th oder 45th Street, oder wo sonst es gewesen war? Sehr unwahrscheinlich.

Nach vier Tagen hatte die Arbeit im Büro deutlich nachgelassen. Einige Klienten würden den Termin etwas überziehen (ihre eigene Schuld, wenn sie die Unterlagen nicht alle zusammenhatten) und würden deshalb kleine Säumniszuschläge zahlen müssen. Na wenn schon. Es ging ja nicht um Leben und Tod. Roland aß jetzt besser, und Jane freute sich. Er hatte auch mehr Geduld mit Bertie, und manchmal konnte er mit dem Kind lachen. Er saß auf dem Boden und spielte mit ihm, fünfzehn oder zwanzig Minuten lang.

»Weißt du, das wird ihm helfen«, sagte Jane, die beobachtete, wie die beiden weiche Plastikbausteine in eine Reihe legten. Jane redete, als ob Bertie kein Wort verstände, was wohl mehr oder weniger auch zutraf.

»Ja«, sagte Roland. Die Bausteinreihe hatte Abstände zwischen den Steinen, und Roland fing an, oben auf die Zwischenräume weitere Steine zu legen, damit eine Pyramide entstand. »Wollen wir nicht bald mal die Jacksons einladen?« Er blickte zu Jane auf. »Zum Dinner.«

»Margie und Tom! Das wäre fein, Rollie!« Jane strahlte und schlug sich emphatisch mit den Händen auf die Schenkel. »Ich ruf' sie heute abend gleich an. *Du* wolltest sie doch immer nicht haben, Rollie. *Sie* hatten nichts dagegen – ich meine, wegen Bertie. Aber Bertie hatten wir ja auch immer in seinem Zimmer eingeschlossen.« Jane lachte vor Freude bei dem Gedanken an einen Abend mit den Jacksons. »Du hast immer gedacht, Bertie stört *sie*, oder sie würden ihn nicht mögen. Irgendsowas.«

Roland entsann sich sehr wohl. Die Jacksons, wie die meisten Menschen, waren angewidert von Bertie und hatten gleichzeitig etwas Angst vor ihm, trotz seiner Kleinheit, so wie normale Leute immer Angst hatten vor Idioten, vor unberechenbaren Dingen, die ihnen etwas antun könnten. Jetzt spürte Roland, daß ihm das nichts ausmachen würde. Er wußte, er würde in der Lage sein, zu lachen, Scherze zu machen, die Jacksons zu beruhigen wegen Bertie, wenn sie an dem Abend in sein Zimmer gingen, »um ihn zu besuchen«. Sie hatten nie darum gebeten, doch Jane schlug es meistens vor.

Der Abend mit den Jacksons verlief gut. Jeder war in froher Stimmung. Jane schlug auch bei den Drinks vor dem Essen keinen »Besuch bei Bertie« vor, und die Jacksons hatten ihm kein Spielzeug mitgebracht, wie früher ein paarmal – zum Beispiel, einen kleinen Plastikball oder irgendwas Blödsinniges für ein Baby. Jane hatte ein ausgezeichnetes ungarisches Gulasch gekocht.

Gegen zehn Uhr sagte Jane fröhlich: »Ich werde mal Bertie für ein paar Minuten zu uns herüberholen. Wird ihm guttun.«

»Ja, mach das«, sagte Margerie Jackson automatisch und höflich.

Roland sah, wie Margerie ihrem Mann, der mit einer kleinen Kaffeetasse vor einem Bücherregal stand, einen Blick zuwarf. Roland hatte gerade alle Kognakschwenker auf dem Couchtisch mit Brandy gefüllt. Bertie konnte mühelos mit einer Handbewegung zwei oder drei der Gläser von dem niedrigen Tischchen fegen, dachte Roland, und er bemerkte, daß er sich versteifte vor Besorgnis oder Ärger.

Bertie wurde hereingetragen, in Janes üblicher Art und Weise: sie hielt ihn in der Taille fest, das Gesicht nach vorn, und wenn sie ging, stieß er bei jedem Schritt ziemlich heftig gegen ihre Schenkel. Für einen Fünfjährigen wog er viel, obgleich er nicht so groß war wie ein normales Kind seines Alters.

»Aaachch – waah!« Berties kleine schrägstehende Augen hatten den gleichen Ausdruck, den sie in seinem eigenen Zimmer gehabt hätten; das hieß, sie zeigten kein Interesse und keine Wahrnehmung des Szenenwechsels ins Wohnzimmer oder an den Menschen im Wohnzimmer.

»So, da sind wir!« verkündete Jane Bertie und ließ sein gewindeltes Hinterteil auf den Wohnzimmerteppich plumpsen.

Bertie trug sein Pyjamaoberteil; die Ärmel waren mehrfach umgekrempelt, weil seine Arme so kurz waren.

Roland merkte, wie er leicht die Stirn runzelte und traurig den Blick abwandte von der häßlichen – oder vielmehr der erschreckend flachen – Schädeldecke des zu kleinen Kopfes, wie er es immer getan hatte, vor allem aber in Gegenwart anderer Leute, so als wollte er sein Mitgefühl mit den Menschen ausdrücken, die Bertie vielleicht zum erstenmal erblickten. Dann lachte Margerie über etwas, das Bertie gemacht hatte. Sie hatte ihm eines der Käsestangen-Canapés gegeben, die noch auf dem Couchtisch standen, und er hatte es in ein Ohr gequetscht.

Immer noch lächelnd, blickte Margerie zu Roland hinüber; und Roland merkte, wie er zurücklächelte, ja, sogar grinste. Roland trank einen Schluck Brandy. Bertie war ja doch ein kleiner Clown; vielleicht fand er Spaß an diesen Zusammenkünften im Wohnzimmer. Bertie schien jetzt zu lächeln. Manchmal lächelte er *tatsächlich*, das kleine *Ungeheuer*. Aber dafür hatte er einen Mann getötet, dachte Roland. Er straffte sich und fühlte, wie sich alle Muskeln anspannten. Er, Roland, war nicht ganz hilflos in dieser Situation; er war nicht nur ein Spielball des Schicksals, der sich herumstoßen ließ – *von allem und jedem* –, ein Opfer eines unsinnigen seltsamen Zufalls, verdammt zu ewiger Schande. O nein, keineswegs!

Roland brach jetzt mit den anderen in schallendes Gelächter aus, ohne zu wissen, warum, bis er sah, daß Bertie wie ein hilfloser Käfer auf dem Rücken herumrollte.

»Auf dem Kopf stehen wollte er!« rief Jane. »Ha-ha! Hast du das gesehen, Rollie?«

»Ja«, sagte Roland. Er schenkte Brandy nach, wo es gewünscht wurde.

Als die Jacksons sich gegen elf verabschiedet hatten, fragte ihn Jane, ob es nicht ein gelungener Abend gewesen wäre, denn sie hielt ihn

für gelungen. Stolz stand sie im Wohnzimmer und breitete strahlend die Arme aus.
»Ja, mein Liebes, das war es.« Roland legte die Arme um ihre Taille und drückte sie einen Augenblick an sich, ohne Leidenschaft, ohne irgendeinen Wunsch nach Sex, nur beglückt über das Beisammensein. Seine Umarmung besagte: Hab Dank für das gute Dinner und für den schönen Abend!
Bertie wurde in sein Zimmer und Roland war sicher – in sein niedriges Bett verfrachtet; er war nicht mitgegangen, als Jane versuchte das Kind zur Ruhe zu bringen. Jetzt hatte Jane noch in der Küche zu tun. Roland ging hinüber in eine Ecke des Schlafzimmers, wo er und Jane alte Zeitungen stapelten. Wegen seiner Arbeit bewahrte er Zeitungen sehr lange auf, für den Fall, daß er etwas über ein neues Steuergesetz oder eine Anleiheemission oder sonst irgendeine von dutzend Meldungen nachlesen mußte, die er und seine Kollegen vielleicht nicht ausgeschnitten hatten. Wonach er suchte, war noch nicht überholt und etwas ganz Spezielles: die Meldung über einen Mann, den man in der Nacht vom 26. auf den 27. April tot auf einem Gehweg gefunden hatte. Nach etwa vier Minuten fand er in einer Zeitung eine knapp fünf Zentimeter lange Meldung; sie stand einen Tag später drin, als er erwartet hatte. Die kurze Überschrift lautete: MANN ERWÜRGT AUFGEFUNDEN. Francisco Baltar, sechsundvierzig, so hieß es, war in der East 47th Street erwürgt aufgefunden worden. Es lag offenbar ein Raubmord vor. Mr. Baltar war technischer Berater bei VITO gewesen, einer spanischen landwirtschaftlichen Firma, und hatte sich nur kurz aus geschäftlichen Gründen in New York aufgehalten. Die Polizei habe Verdächtige vernommen, schloß der Bericht.
Raubmord, dachte Roland erstaunt. Zweifellos war das nicht derselbe Mann, außer jemand hatte die Leiche geplündert. Roland machte sich klar, daß das in New York nicht unwahrscheinlich war. Ein Räuber mochte den Mann für betrunken oder betäubt gehalten haben und hatte die Gelegenheit ergriffen, ihm Brieftasche, Armbanduhr und was sonst noch abzunehmen. Die Straße stimmte, dachte Roland, und auch das Datum. Und das Alter des Mannes. Aber ein Spanier? Mit dem bräunlichen Haar? Na ja, Roland hatte auch schon von blonden Spaniern gehört.

Aber einen fehlenden Knopf hatten sie nicht erwähnt.
Andererseits – warum sollten sie einen fehlenden Knopf in einer so kurzen Meldung erwähnen? Als Anhaltspunkt war ein graubrauner Knopf völlig unbedeutend. Denn wenn die Polizei den Knopf in Rolands rechter Hosentasche (er ließ ihn immer in jener Tasche, egal welche Hose er trug) fand, so wäre das, als würde sie eine Stecknadel im Heuhaufen finden. Und wenn sie bemerkten, daß an der Jacke ein Knopf abgerissen war, warum sollte die Polizei da annehmen, daß der Mörder ihn mitgenommen hatte?
Immerhin, das Auffinden der Leiche – oder *einer* Leiche – verlieh dem Knopf jetzt größere Bedeutung. Der Knopf wurde gefährlicher. Roland dachte daran, ihn in Janes kleine Blechdose zu legen, die vielerlei Knöpfe enthielt, aber als er die Dose öffnete und die hundert oder noch mehr unschuldigen Knöpfe in allen Größen erblickte, da brachte er es nicht fertig.
Wegwerfen, dachte Roland. In den Müllschlucker auf dem Flur. Noch besser und einfacher direkt in den großen Plastikbeutel in der Küche. Wer würde ihn da jemals bemerken oder finden? Es wurde Roland klar, daß er den Knopf behalten wollte.
Die Wochen vergingen, und der Knopf nahm für Roland verschiedene Bedeutungen an. Manchmal war er ein Zeichen der Schuld, ein Beweis für das, was er getan hatte; dann hatte Roland Angst. An anderen Tagen, wenn Roland zufällig fröhlicher Stimmung war, wurde der Knopf zu einem Schmerz, zum Stützpfeiler einer Geschichte, die er sich selbst erzählt hatte: daß er einen Fremden erwürgt und den Knopf von seiner Jacke abgerissen hatte, um es zu beweisen.
»Absurd«, murmelte Roland vor sich hin, als er an einem sonnigen Tag im Büro am Fenster stand, den Knopf zwischen den Fingern herumdrehte und das graubraune Hornmaterial und die vier Löcher prüfend betrachtete. »Nichts weiter als ein verrücktes Hirngespinst!« Nun, es war nicht nötig, jemals irgend jemandem davon zu erzählen, dachte er und lachte leise. Er ließ den Knopf in die rechte Tasche gleiten und kehrte an seinen Schreibtisch zurück.
In den letzten beiden Juniwochen, als Roland Urlaub hatte, fuhren er und Jane in ein Ferienhotel in den Adirondacks, und natürlich nahmen sie auch Bertie mit. Bertie konnte in der letzten Zeit besser

gehen, aber merkwürdigerweise waren seine Leistungen in dieser Hinsicht mal besser und mal schlechter; er hatte, zum Beispiel, als er drei war, besser gehen können als im Augenblick. Man konnte das nie wissen. Jane hatte ihm einen Anzug aus hellblauem Baumwollstoff gekauft – Jacke und kurze Hose – und hatte die Taille verlängert, indem sie einen Streifen Stoff eingesetzt hatte. Die Ärmel hatte sie gekürzt. »Damit er abends beim Essen im Hotel ›St. Marcy‹ nett aussieht«, sagte sie.

Roland war zusammengezuckt, aber er hatte sich schnell gefaßt. Es war ihm immer verhaßt gewesen, Bertie irgendwohin mitzunehmen, selbst bei den sonntäglichen Spaziergängen im Central Park; und im Hotel würde es sicher noch schlimmer werden, dachte er, weil sie da fast zwei Wochen lang mit den gleichen Leuten, den anderen Gästen, zusammen sein oder von ihnen beobachtet werden würden. Wieder würde er eine Zeitlang jene neugierigen und hastig zugeworfenen Blicke ertragen müssen, das Getuschel, wenn die Leute einander kopfnickend zumurmelten: »Mongoloider Idiot«, worauf dann das nächste Stadium folgte, das geflissentliche Sich-abwenden, wozu jene Menschen stets neigten.

Das Hotel ›St. Marcy‹, ein schönes und gut proportioniertes Haus im Kolonialstil, stand auf einem großen Rasenplatz; im Hintergrund sah man dichte Pinien- und Föhrenwälder. Die Eingangshalle war behaglich eingerichtet, mit blankpolierten Messinggegenständen und einem dicken Teppich. Auf dem Rasen konnte man Krokett spielen, es gab Tennisplätze, Reitpferde waren zu mieten, und eine halbe Meile entfernt lag ein Golfplatz, zu dem die Hotelgäste zu jeder Tageszeit mit einem hoteleigenen Wagen gebracht werden konnten. Im Speisesaal standen etwa zwanzig Tische verschiedener Größe, so daß Pärchen oder Gruppen, wenn sie es vorzogen, allein essen oder sich an einen der größeren Tische dazusetzen konnten. Der Manager hatte den Markows gesagt, es gäbe keine feste Tischordnung und sie könnten ihre Plätze nach eigener Wahl bestimmen.

Roland und Jane suchten sich, als die Dinnerzeit kam, einen kleinen Tisch für vier Personen aus. Für Bertie brachte eine freundliche Kellnerin ein Sitzkissen, besann sich dann aber und schlug einen Kinderhochstuhl vor. Es mache gar keine Mühe, sagte sie, und eilte fort. Roland hatte nicht protestiert; ein Hochstuhl war für Bertie sicherer, weil ihn das Tischtablett einklemmen würde, während er von einem Kissen herunterpurzeln konnte, bevor ihn jemand zu fassen bekam. Bertie hatte seinen blauen Anzug an. Seine zerfurchte Zunge hing heraus, und die Augen standen zwar offen, zeigten jedoch keinerlei Interesse an der neuen Umgebung, der er nicht einmal den Kopf zuwandte.

»War das nicht nett vom Hotel«, sagte Jane und stützte das Kinn auf die verschränkten Finger, »daß sie uns heute nachmittag das Gitterbett ins Zimmer stellten? Genau das richtige für Bertie, findest du nicht?«

Roland nickte und studierte die Speisekarte. Er durchlitt jene Momente, die er vorausgesehen hatte; als mehrere Gäste im Speisesaal Bertie anstarrten, und sekundenlang wurde es noch schlimmer, als die Kellnerin mit dem Kinderstuhl zurückkam. Roland sprang auf, um Bertie hineinzusetzen. *Klapp* – die kleine Tischplatte wurde über Berties Kopf gestülpt und ruhte nun auf den Armlehnen. Roland zog an Berties breiten Händen und ließ sie auf das Holzbrett plumpsen, wo später sein Teller hingestellt werden sollte, aber die Hände rutschten zurück und hingen wieder links und rechts zu Berties Seiten.

Jane nahm ihre Serviette und wischte etwas sabbernden Speichel von Berties Kinn.

Das Essen war ausgezeichnet. Die Augen ringsum blickten jetzt woanders hin. Jane hatte ihren Stuhl dichter an Berties herangeschoben; geduldig fütterte sie ihn mit seinem Kartoffelbrei und ganz kleinen Stückchen zarten Roastbeefs. Danach wurde der Zitronenauflauf serviert, heiß und mit schön gebräuntem Eiweiß oben drauf. Bertie klatschte mit seiner plumpen kleinen Hand rechts auf den Teller, so daß die halbe Portion des Auflaufs zu Roland hinüberschoß. Geschickt fing Roland sie mit der linken Hand auf, lachte und ließ sie auf Berties Teller zurückgleiten; dann tauchte er eine Ecke seiner Serviette in sein Wasserglas und wusch die klebrige Süßspeise von den Fingern und der Handfläche ab.

Auch Jane lachte, als wären sie allein zu Hause. Gemeinsam tranken sie eine Flasche Wein aus.

Als sie später in der Halle auf die Treppe zugingen, um Bertie ins

Bett zu bringen, denn es war fast zehn Uhr, hörte Roland Stimmen hinter sich.
»... ein Jammer, nicht? Wo die beiden noch so jung sind.«
»... könnte auch anderen Kindern angst machen. Hast du heute den Hund gesehen, Mom? Den Pudel?« Die Stimme war jung und weiblich; ein Kichern schwang darin mit.
Roland erinnerte sich an den Hund, einen schwarzen Miniaturpudel an einer Leine. Der Hund hatte sich versteift und war leise knurrend vor Bertie zurückgeschreckt, als Roland und Jane die Anmeldeformulare ausfüllten. Rolands Hand fuhr in die rechte Hosentasche und umfaßte fest den Knopf und spürte die beruhigende Wirklichkeit, die Härte. An der Treppe wandte er sich zu den beiden Frauen um; die eine war noch jung, die andere älter.
»Ja, Bertie«, sagte er zu ihnen. »Er ist keine große Last, wissen Sie. Er ist ganz harmlos. Tut mir sehr leid, wenn er Sie stört. Im Grunde ist er ein richtiger Clown. Wir haben viel Spaß mit ihm.« Roland nickte lächelnd, um seine Worte zu betonen.
Auch Jane lächelte. »Guten Abend!« sagte sie freundlich zu den beiden Frauen.
Beide, die jüngere und auch die ältere, nickten höflich und verlegen, offenbar peinlich berührt, weil man ihr Reden gehört hatte.
»'n Abend!« sagte die ältere.
Roland und Jane hielten Bertie wie üblich an den Händen und zogen ihn Stufe für Stufe, manchmal auch über zwei Stufen die Treppe hinauf. Es war eine Aufgabe, die sie ohne Nachdenken erledigten. Manchmal versuchte Bertie mit den stumpfen kleinen Füßen in den stumpfen Schuhen eine Stufe zu berühren, aber meistens zog er sie hinter sich her und ließ die Beine schlaff herunterhängen. Rolands rechte Hand steckte noch in der Hosentasche.
Ein hübsches Mädchen ging rechts an Roland vorbei etwas schneller die Treppe hinauf und zog seinen Blick auf sich. Sie hatte weiches hellbraunes Haar und ein reizendes Profil, das sofort an ihm vorüber war, aber auf dem Treppenabsatz sah sie zu ihm zurück, und ihre Blicke trafen sich. Sie hatte blaue Augen. Dann verschwand sie. Roland hatte sich plötzlich von ihr angezogen gefühlt; es war wie ein Ruck in seinem Innern – das erste derartige

Gefühl seit Jahren. Komisch. Er würde keinen Kontakt mit dem Mädchen suchen, das wußte er. Vielleicht war es am besten, er vermied, sie anzusehen, wenn er sie wiedertraf, was sehr wahrscheinlich war. Immerhin – es tat wohl, zu wissen, daß er eines solchen Gefühls noch fähig war, selbst wenn das Gefühl mit Jane jetzt nichts mehr zu tun hatte. Er preßte den Knopf noch stärker denn je zuvor, als sie Bertie die letzte Stufe hinaufzogen. Er hatte einen Mann umgebracht, um sich für Bertie zu rächen. Er war überlegen, in gewissem Sinne. Er hatte die Oberhand, das durfte er nie vergessen. Damit konnte er den Jahren, die vor ihm lagen, zuversichtlich entgegensehen.

KURZBIOGRAPHIEN UND QUELLENNACHWEIS

(T.: = Quellennachweis für den hier vorgelegten Text)

ATWOOD, MARGARET wurde am 18. 11. 1939 in Ottawa geboren. Einen großen Teil ihrer Kindheit verbrachte sie in der Wildnis, wo ihr Vater als Insektenforscher arbeitete. Diese frühe Naturerfahrung hat sie offenkundig tief beeindruckt und ihr späteres Schaffen beeinflußt. Die Bedrohung der Natur ist neben der psychischen Deformation der Menschen, zumal der Frauen, Kernthema vieler ihrer Texte.

Atwood verlebte eine nach außen hin behütete Kindheit als Mitglied einer typischen WASP(white/anglo-saxon/protestant-)Familie. In ihrem stark autobiographisch gefärbten Roman »Katzenauge« schildert sie die andere Seite dieser Kindheit, ihre Ängste und Bedrohungen.

Nach Absolvierung der High School studierte M. Atwood von 1957 bis 1961 englische Sprache und Literatur in Toronto; anschließend besuchte sie das renommierte Radcliff College in Harvard.

Ab 1964 war M. Atwood an verschiedenen Universitäten als Literaturwissenschaftlerin tätig. 1966 erschien als ihre erste literarische Publikation der Gedichtband »The Circle, Game«. 1969 erschien ihr erster Roman »The Edible Woman« (deutsch: »Die eßbare Frau«), 1972 folgte »Surfacing« (deutsch: »Der lange Traum«). Beide Romane beschäftigen sich mit dem problematisch gewordenen Selbstverständnis von Frauen in einer materialistischen und entfremdeten Welt. Bereits in diesen Romanen werden inhaltliche Schwerpunkte und Stilhaltung deutlich: Atwood erschließt auch ernste Themen auf humorvoll hintergründige Weise, stets ist sie bestrebt, das Doppelbödige einer Situation herauszuarbeiten.

»Die Atwood« erhielt zahlreiche Preise. Ihr Werk ist im deutschen Sprachraum relativ gut erschlossen. Viele ihrer Arbeiten liegen auch im Taschenbuch vor. Neben den bereits erwähnten seien noch genannt:

Die Romane

- »Die Unmöglichkeit der Nähe«
- »Verletzungen«
- »Lady Orakel«
- »Report einer Magd« (Original 1985), der 1989 von der Autorin zusammen mit Volker Schlöndorff auch verfilmt wurde.

Der Gedichtband »Wahre Geschichten«

Die Erzählungensammlung »Unter Glas«, im Original »Dancing Girls & Other Stories«, 1977, deutsch 1986. Diesem Band ist die Kurzgeschichte »Wenn es passiert« entnommen. (Wir zitieren nach der Ausgabe des Fischer Taschenbuches, Nr. 5986.)

T.: Atwood, Margaret, *Wenn es passiert*. Aus: Margaret Atwood *Unter Glas*. Übersetzt von Helga Pfetsch.

BRADBURY, RAYMOUND DOUGLAS wurde am 22. 8. 1920 in Waukegan/Illinois geboren. Diese Kleinstadt diente Bradbury als Vorlage für die »Green Town«, die in vielen seiner Geschichten eine wichtige Rolle spielt. 1941 erschien seine erste Story im Magazin »Super Science Stories«.
Berühmt wurde Ray Bradbury schlagartig 1946 durch 36 Kurzgeschichten über einen von Menschen kolonisierten Mars (1950 gebündelt erschienen als »The Martian Chronicles« – deutsch »Die Mars-Chroniken«).
Weltruhm erreichte Bradbury durch seinen 1953 erschienenen Roman »Fahrenheit 451«, der 1966 von Truffaut verfilmt wurde. Der Titel bezeichnet die Temperatur, bei der Papier in Flammen aufgeht. Und dieses geschieht in der von Bradbury geschilderten Gesellschaft oft. Die Feuerwehr hat die Aufgabe, alle Bücher zu verbrennen, weil jegliche Literatur nach Ansicht der Machthaber subversiven Charakter besitzt. In diesem Roman wurde nicht nur – vermutlich auch in Anspielung auf die damals ihrem Höhepunkt zusteuernde McCarthy-Ära – Kritik an der Manipulation durch die Herrschenden geübt, sondern auch am passiven Konsumverhalten der Bevölkerung; in der Welt von »Fahrenheit 451« sind die Wohnungen mit ganzen Fernsehwänden ausgestattet, die eine permanente Berieselung gestatten und somit den Gedanken an eine aktive Auseinandersetzung mit Büchern gar nicht erst aufkommen lassen. (Das Motiv scheint in verwandelter Form auch im »Kinderzimmer« auf: Dort wird die Welt nur noch mit Hilfe von Surrogaten wahrgenommen.) – Trotz dieser massiven Kritik an Unterdrükkung menschlicher Phantasie durch Gewalt und technische Medien – Bradbury hat die bei vielen SF-Autoren verbreitete Technik-Euphorie nie geteilt – enthält Fahrenheit 451 auch ein optimistisches Credo: Nicht umsonst ist der Held ein Feuerwehrmann, der sich zu einer Widerstandsgruppe flüchtet, die die Texte möglichst vieler Bücher auswendig gelernt hat und somit in der Lage ist, sie mündlich zu tradieren.
Themenauswahl und Stoffbearbeitung gehen bei Bradbury über die Grenzen der herkömmlichen SF hinaus. Aus diesem Grund ist er bei puristischen Insidern durchaus umstritten, auch wenn seine stilistischen Qualitäten durchaus allgemein anerkannt werden.
Ray Bradbury ist in vielen Genres zuhause. Er verfaßte u. a. das Drehbuch zu John Hustons »Moby Dick«, er ist dabei, eine Musical-Version von »Fahrenheit 451« zu entwerfen, er schreibt Gedichte phantastischen Inhalts und hat eine ganze Reihe von Kriminalgeschichten verfaßt.
Der Einfluß Bradburys auf Schriftstellerkollegen läßt sich nicht hoch genug einschätzen; bezeichnenderweise bezieht sich der Erfolgsautor Stephen King direkt auf ihn.

HIGHSMITH, PATRICIA wird am 19. 1. 1921 in Fort Worth, einer kleinen Stadt in Texas, geboren. Sie wächst in Texas und New York bei Mutter und Großeltern auf. Während ihres Studiums von Literatur und Zoologie an der Columbia University in New York beginnt sie erste schriftstellerische Versuche als Comic-Texterin.
1950 wird ihr erstes Buch publiziert, »Strangers on a Train« (»Der Fremde im Zug«). Die Verfilmung durch Hitchcock mit einem Drehbuch von Raymond Chandler 1951 macht sie sowohl in Europa als auch in den Vereinigten Staaten bekannt.
Seit 1963 hat sie verschiedene Wohnsitze in England, Italien und Frankreich. 15 Jahre lang lebt sie zurückgezogen in dem Dorf Moncourt, in der Nähe von Paris, bekannt für ihre Abneigung gegen Journalisten und Medienaktivitäten. Sie interessiert sich auch nicht für die internationale literarische Szene. Ihren Stil und sich selbst hat sie als »old-fashioned« charakterisiert. Seit 1982 hat sie ihren Wohnsitz im Tessin. Am 4. Februar 1995 stirbt sie in einer Klinik in Locarno an Leukämie, kurz nach der Beendigung ihres letzten Romans »Small g« (»Sommeridylle«).
Unter den mehr als 20 veröffentlichten Romanen und 4 Kurzgeschichtensammlungen seien nur einige Titel erwähnt, die alle deutsch im Diogenes-Verlag erschienen sind: 1954 ›The Blunderer‹ (dt. 1962, »Der Stümper«), 1960 ›This Sweet Sickness‹ (dt. 1974, »Der süße Wahn«), 1970 ›Eleven. Short Stories‹ (dt. 1973, »Gesammelte Geschichten«), 1977 ›Edith's Diary‹ (dt. 1978, »Ediths Tagebuch«) (verfilmt 1983 von H. W. Geißendörfer), 1985 ›Mermaids on the Golf Course‹ (dt. 1983, »Nixen auf dem Golfplatz«, Erzählungen). Besonders bekannt sind ihre Ripley-Romane, z. B. 1955 ›The Talented Mr. Ripley‹ (dt. 1971, »Der talentierte Mr. Ripley«), 1974 ›Ripley's Game‹ (dt. 1977, »Ripley's Game oder ein amerikanischer Freund«), die beide auch verfilmt wurden, letzterer von Wim Wenders. Tom Ripley wird von vielen Kritikern als ihre beste Figur gesehen, quasi als der sympathische Mörder, mit dem sich der Leser identifizieren kann.
Die Autorin hat zahlreiche internationale Auszeichnungen, insbesondere des Kriminalgenres, erhalten und gehört zweifellos zu den bekanntesten und meist gelesenen englischsprachigen Autorinnen überhaupt.
In ihren Romanen und Kurzgeschichten hat sie das Krimi-Genre verwandelt und seine Grenzen überschritten. In ihren psychologisch genauen Charakterstudien geht es um unbewältigte Emotionen, Schuld, um die dunkle Seite in jedem zivilisierten Bürger. Mit ihrem äußerst zurückhaltenden Stil beschreibt sie klaustrophobische Situationen, verdrängte Ängste und Wünsche, das Kriminellwerden des normalen »Durchschnittsmenschen«.

T.: Highsmith, Patricia, *Der Knopf.* Aus: Patricia Highsmith *Nixen auf dem Golfplatz.*

JACKSON, SHIRLEY wurde am 14. 12. 1916 in San Francisco geboren. An der Universität Syrakus lernte sie ihren künftigen Mann, Stanley Edgar Hyman, kennen, der später zu einem bekannten Literaturkritiker avancierte. Zusammen mit ihm und anderen gab Shirley Jackson ein Literaturmagazin mit dem Titel ›Spectre‹ heraus, das Mißstände an der Universität, wie z. B. die Rassentrennung in den Schlafsälen, heftig attackierte.
Nach der Übersiedlung nach New York machte Jackson literarische Karriere. Ab 1941 veröffentlichte sie in »The New Yorker« – diesem Magazin blieb sie bis zu ihrem Lebensende als Mitarbeiterin treu – ihre Kurzgeschichten, darunter ihre wohl berühmteste, »The Lottery«, die auch auf deutsch vorliegt. In dieser Geschichte wird ein scheinbar harmloses ländliches Ritual geschildert, die im Titel genannte Lotterie. Wer das schwarze Los zieht, verfällt einer grausigen Lynchjustiz. Die Technik, die Shirley Jackson hierbei verwendet, ist typisch für viele ihrer Geschichten. Sie läßt ganz alltägliche Situationen gewissermaßen »umkippen« und enthüllt auf diese Weise das stets lauernde Chaos hinter einer brüchigen Fassade. Insofern steht die Autorin auch in einer literarischen Tradition amerikanischer Erzählkunst, die bei Edgar Allan Poe ihren Ausgangspunkt hat und sich bis heute fortsetzt. Die Vorliebe von Shirley Jackson gilt den Alpträumen, dem Fremdartigen, Okkulten und Grotesken. Oft werden diese demonstriert an hypersensiblen jungen Menschen, etwa in dem 1951 erschienenen Roman »Hangsaman«. (In ihren eigenen Tagebüchern aus der Jugendzeit erscheint eine Shirley Jackson, die sich selbst als Außenseiterin empfindet.)
Shirley Jackson versucht, die glatten Oberflächen des Alltags als Maskeraden zu decouvrieren. In diesem Licht besehen kann man ihr Werk auch als einen Beitrag zur Entschlüsselung und zur Kritik des »american way of life« deuten.
Am 8. 8. 1965 starb Shirley Jackson. Ihr Werk ist im deutschen Sprachraum noch kaum erschlossen.

T.: Jackson, Shirley, *Wie Mutter es immer gemacht hat.* Aus: Shirley Jackson *Die Teufelsbraut.*

LESSING, DORIS wird am 22. 10. 1919 im Iran geboren und wächst ab 1924 auf einer Farm in Rhodesien auf, in der mittelständisch-konventionellen Enge des weißen Siedlermilieus. Seit 1933 arbeitet sie u. a. als Telefonistin, Kindermädchen oder Schreibkraft. Zwischen 1939 und 1943 ist sie zweimal verheiratet, beide Ehen werden geschieden. Ihr politisches Engagement in der kommunistischen Partei Rhodesiens setzt sie seit 1949 in England fort.
1950 hat sie ihren ersten Bucherfolg in England und den USA (»Afrikanische Tragödie«). 1956 (Ungarnaufstand) distanziert sie sich von der Kommunisti-

schen Partei. Kontinuierliche und umfangreiche schriftstellerische Produktion zeichnet sie aus. Heute lebt sie im Stadtteil Hampstead in London.
Doris Lessing erhält mehrere literarische Preise und wird 1973 für den Nobelpreis für Literatur vorgeschlagen, den sie allerdings nicht erhält.
Spätestens seit dem »Golden Notebook« (1962) zählen Kritiker sie zu den führenden Autorinnen der Gegenwart. Im deutschsprachigen Literaturbetrieb wird sie durch eben dieses »Goldene Notizbuch« berühmt und als feministische Autorin eingestuft – ein Mißverständnis, wie die Autorin später urteilt. Das »Golden Notebook« zählt als »Kultbuch« der neuen Frauenbewegung. Hierin geht es um Beziehungskriege, um das Verhältnis von Literatur und Leben, um Engagement und Klassenkampf.
In ihrem Bildungsroman »Children of Violence« (»Kinder der Gewalt«), einem Epochenzyklus (die 4 einzelnen Bände entstanden zwischen 1952 und 1969) steht das Leben einer sich emanzipierenden Frau der Mittelschicht in Rhodesien und dann England im Mittelpunkt, verknüpft mit einer kritischen Darstellung des Kolonialismus in Südafrika.
Nach dieser eher realistisch-analytischen Literatur wendet sich die Autorin dem science-fiction-Genre zu, z. B. mit dem 1974 erscheinenden Roman »Memoirs of a Survivor« (»Die Memoiren einer Überlebenden«). In diesem Roman entwirft Doris Lessing mystisch-irrationale Gegenwelten zu der empirischen Welt.
Mit den »Jane Somers«-Romanen (1984/85) kehrt die Autorin in die englische Gegenwart und zu ihrem realistisch-farbigen Stil zurück.
1986 erscheint »The good Terrorist« (»Die Terroristin«), in der das Leben einer Gruppe von politisch-aktiven Jugendlichen aus der Hausbesetzerszene kritisch beschrieben wird.
In dem 1988 veröffentlichten kurzen Roman »The fifth Child« wird die bürgerliche Mittelschicht Englands kritisiert. Doris Lessing stellt mit ironischer Sachlichkeit dar, wie das Irrationale in Form eines nicht sozialierbaren, emotional stark gestörten Kindes eine von Selbstzufriedenheit geprägte bürgerliche Familie bedroht und schließlich völlig zerstört. Wie schon in der »Terroristin« zeigen sich auch hier pessimistische Züge: Die 80er Jahre sind für die Autorin von Gewalt und übersteigertem Individualismus und Egoismus geprägt.
Neben zahlreichen Bänden mit Erzählungen und ihrem berühmten Katzenbuch (»Particularly Cats«, »Doris Lessings Katzenbuch«, 1981) hat sie autobiographische Werke veröffentlicht. 1987 erscheint »Das Leben meiner Mutter«. Zu ihrem 75. Geburtstag 1994 erscheint der 1. Teil ihrer Autobiographie »Unter der Haut. Autobiographie 1919–1949«. Er ist eine Chronik ihrer Jugend, gleichzeitig eine Beschreibung der letzten Phase des britischen Kolonialreiches in Afrika.

Eine spürbare humane Intention soll nach Meinung von Doris Lessing die Rolle der Literatur im 20. Jahrhundert bestimmen.

T.: Lessing, Doris, *Durch den Tunnel.* Aus: Doris Lessing. *Erzählungen.* Aus dem Engl. von Adelheid Dormagen. Band 2: Die Frau auf dem Dach. © 1978 by Doris Lessing. Klett-Cotta, Stuttgart 1982.

RENDELL, RUTH ist im Augenblick eine der populärsten Autorinnen der Kriminalliteratur (»mystery writers«) in England. Seit ihrem ersten Kriminalroman 1964, »From Doon with Death«, bis zu ihrem bisher letzten im Herbst 1994, »No night is too long«, hat sie fast jedes Jahr einen Roman und/oder einen Kurzgeschichtenband verfaßt, so daß sich ihr Œuvre auf über 30 Bände beläuft. Fast alle ihre Romane wurden ab Mitte 1985 jeweils kurz nach Erscheinen in England ins Deutsche übersetzt. Sie wird häufig mit dem französischen Kriminalautor George Simenon (auch wegen dessen Produktivität: Simenon hat über 300 Krimis geschrieben!) verglichen oder als eine neue Agatha Christie Englands gepriesen (wegen ihres Verismus, ihrer Detailtreue).

Ruth Rendell wird am 17. 2. 1930 in London geboren. Sie arbeitet zunächst bei den Zeitungen »Express« und »Independent«. Gegenwärtig lebt und schreibt sie in einem kleinen Dorf in der Grafschaft Sussex, in einem alten Bauernhaus aus dem 16. Jahrhundert. Dort ist auch die fiktive Kleinstadt Kingsmarkham angesiedelt, ein vertrauter Ort für alle Leser ihrer Detektivromane. Sie ist verheiratet und hat einen erwachsenen Sohn.

Am bekanntesten sind ihre Romane, die die klassische Tradition des Genres weiterverfolgen und in denen es einen Detektiv (Polizisten) gibt, Chief Inspector Wexford und seinen Assistenten, Mike Burden (nach dem bewährten Schema von Arthur Conan Doyle: Sherlock Holmes und Dr. Watson). Dabei wird das Privatleben der beiden Polizisten verwoben mit spannenden Plots. Dieser Romantypus macht etwa die Hälfte ihres Gesamtwerkes aus. Wexford-Titel sind z. B. ›The Veiled One‹ (1988) (»Die Verschleierte«), ›Kissing the Gunner's Daughter‹ (1992) (»Eine entwaffnende Frau«).

Zum zweiten Typ ihrer Kriminalromane gehören die, in denen es nicht um die Aufdeckung und Lösung eines Verbrechens durch zwei brillante Polizisten geht, sondern – ähnlich wie den Kriminalromanen Friedrich Dürrenmatts – um die Psychopathologie des Verbrechers. Romane der Kategorie sind z. B. ›The Lake of Darkness‹ (1980) (»See der Dunkelheit«), ›The Tree of Hands‹ (1984) (»Die Masken der Mütter«), ›The Bridesmaid‹ (1989) (»Die Brautjungfer«).

In ihren Romanen und Kurzgeschichten (z. B. ›The New Girlfriend and other Stories‹ (1985) (»Die neue Freundin«, 1986)) vermittelt sie von Anfang

an das Gefühl von drohendem Unglück. Täter, Opfer und Zuschauer des Verbrechens sind ganz normale, häufig gutbürgerliche Leute, die plötzlich in einen verstörenden Abgrund gerissen werden.
Seit 1985 schreibt R. Rendell auch spannende psychologische Thriller unter dem Pseudonym Barbara Vine. Frauen sind die zentralen Figuren dieses Genres. Hierzu zählen z. B. ›A dark-adapted Eye‹ (1985) (»Die im Dunkeln sieht man nicht«), oder ›The House of Stairs‹ (1989) (»Das Haus der Stufen«). Viele Rezensenten bevorzugen diesen Typus ihrer Romane, da sie hier besonders geschickt Handlung und Beschreibung von psychopathologischen Handlungsweisen verbindet. Gewandte Personenführung und eine allgemein hochgeschätzte psychologische Feinfühligkeit werden durch hervorragend wiedergegebenes Zeitkolorit und Milieu und erzähltechnische Perfektion ergänzt.
Ruth Rendell alias Barbara Vine hat mehrere Preise aus dem Umkreis der Kriminalgenres erhalten. Einige ihrer Romane wurden verfilmt, das BBC produzierte eine erfolgreiche Serie nach mehreren ihrer Wexford-Romane (u. a. »Killing the Gunner's Daughter«).

T.: Rendell Ruth, *Die neue Freundin*. Aus: Ruth Rendell, *Die neue Freundin* thriller 2778, deutsch: Edith Walter. Copyright © 1986 by Rowohlt Taschenbuch Verlag GmbH, Reinbek.

RHYS, JEAN Über das tatsächliche Alter von Jean Rhys (der Name ist ein Pseudonym) besteht Unklarheit. Das Leben dieser Schriftstellerin ist abenteuerlich, exotisch, bohemienhaft, aber auch geprägt von Armut, Verlassenheit, Einsamkeit und Alkoholismus, oder, wie es Michael Kohtes im Vorwort zu einem ihrer Kurzgeschichtenbände formuliert: Ein »Künstlerschicksal, das wie kaum bei einer anderen bedeutenden Autorin unseres Jahrhunderts von äußeren Zwängen und schikanösen Zufällen geprägt war«. Persönliche Erfahrungen scheinen besonders stark in ihr Werk eingeflossen zu sein. Ihre schriftstellerische »Karriere« verläuft nicht kontinuierlich, sondern in gewaltigen Sprüngen.
Geboren wird sie auf Dominika, einer Insel in der Karibik. Sie wächst in einer Familie von weißen Kreolen, ihre Eltern sind Plantagenbesitzer, auf. In ihrer Jugend beneidet die Autorin die scheinbar unkomplizierten schwarzen Bewohner der Insel um ihre Lebensformen. Schon damals fühlt sie sich als Fremde in einer Welt, die sie bewundert – ein Gefühl, das ihr persönliches Leben sehr stark prägt und als Motiv ihr ganzes literarisches Werk durchzieht.
Mehrere Ausbildungsversuche (u. a. Studium der »Dramatic Art«) werden abgebrochen, auch aus Geldnot. Ihre Erfahrungen als Revuegirl und Statistin verarbeitet sie später in verschiedenen Kurzgeschichten.
In den 20er Jahren – sie lebt nun in Wien und Paris – schreibt sie gelegentlich

kleinere literarische Texte. 1924 lernt sie den Autor und Verleger Ford Madox Ford kennen, der für die erste Ausgabe ihrer Kurzgeschichten (»The Left Bank and other Stories«, 1927) sorgt und sich als ihr geistiger Mentor versteht. Mit Ford und dessen Lebensgefährtin versucht sie eine »ménage a trois«, die schiefgeht. In der literarischen Szene im Paris der 20er Jahre faßt sie nicht Fuß, das Mekka der literarischen Avantgarde (Hemingway, Dos Passos, Gertrude Stein) bleibt ihr fremd, sie wiederum gilt allgemein als Außenseiterin.

Zwei Ehen scheitern. 1955 übersiedelt sie mit ihrem dritten Mann nach Cornwall und schließlich nach Devonshire in England, wo sie nach dem Tod ihres Mannes bis zu ihrem Tod 1979 lebt.

Bis 1939 schreibt Jean Rhys vier Romane, die veröffentlicht und auch gelobt werden, aber keine breite Leserschaft finden. »Postures«, 1928, Neuauflage unter dem Titel »Quartet«, 1969 (deutsch: »Attitüden« und »Quartett«), »After Leaving Mr. Mackenzie«, 1930 (»Nach der Trennung von Mr. Makkenzie«), »Voyage in the Dark«, 1939 (»Reise im Dunkeln«) und »Good Morning, Midnight«, 1939 (»Guten Morgen, Mitternacht«). In diesen vier Romanen geht es um die Beziehung zwischen den Geschlechtern, um Frauen, die, um überleben zu können, sich von Männern aushalten lassen müssen, um die Verquickung von Geld und Sex. Bürgerliche Spießer bevölkern diese Romane ebenso wie »Underdogs«. Besonders die Frauen sind in einer Opferrolle und müssen Demütigungen aushalten. Die Autorin hat sich aber immer wieder gegen Versuche gewehrt, sie als eine frühe feministische Autorin einzustufen.

Während des Krieges lebt sie in einem offenbar äußerst fragilen physischen und psychischen Zustand mit ihrem dritten, ständig abwesenden Mann in Paris. Bei Kriegsende ist die Autorin vollständig vergessen. Man hält sie für tot.

1949 wird sie auf eine sensationell-merkwürdige Weise wiederentdeckt, durch eine Annonce im »New Statesman«, in der eine Journalistin Jean Rhys sucht, weil sie eine Rundfunkfassung des Romanes »Good Morning, Midnight« herstellen möchte. Jean Rhys liest zufällig die Suchanzeige, antwortet, und nun beginnt ihre eigentliche bescheidene Karriere. Ein Verleger, Francis Wyndham, hat mittlerweile Kontakt zu ihr aufgenommen und sich eine Option für das von ihr schon seit Jahren bearbeitete Buch »Sargasso Sea« gesichert. Bis das Buch erscheint, vergehen weitere sieben Jahre (die Autorin gilt als besessene Perfektionistin). Die Schriftstellerin ist depressiv, häufig krank, offenbar auch alkoholabhängig, schreibt in dieser Zeit auch Kurzgeschichten für die später erscheinende Sammlung »Sleep it off, Lady«, aus der die hier vorliegende Erzählung stammt.

Mit »Wide Sargasso Sea« (»Sargassomeer«) wiederholt Jean Rhys die Geschichte von Mrs. Rochester, der unheimlichen Rivalin von Jane Eyre aus dem gleichnamigen Roman von Charlotte Brontë. Der Schauplatz der um 1830 spielenden Handlung ist das westliche Jamaica. »Sargassomeer« wurde sowohl vom Publikum als auch von der Kritik enthusiastisch aufgenommen und brachte Rhys den Erfolg, von dem sie so lange ausgeschlossen gewesen war. Obwohl nun einigermaßen berühmt und mit bescheidener finanzieller Sicherheit ausgestattet, bleibt Rhys unglücklich und krank und zieht sich zurück. Öffentliche Anerkennung bedeutet ihr sehr wenig.
1968 erscheint ihre im Laufe der letzten Jahrzehnte geschriebene Kurzgeschichtensammlung »Tigers are betterlooking« (»Tiger sehen besser aus«) und 1976 die Sammlung »Sleep it off, Lady« (»Schlafen Sie Ihren Rausch aus, Lady«), die ebenfalls unveröffentlichte Geschichten der 50er und 60er Jahre enthält. In den letzten Jahren vor ihrem Tode arbeitet sie mit dem Romancier David Plante daran, aus Tagebüchern und Notizbüchern eine Autobiographie zu erstellen. Der erste Teil ihrer biographischen Aufzeichnungen erscheint 1979 unter dem Titel »Smile Please. An unfinished autobiography« (»Lächeln bitte! Unvollendete Erinnerungen«), sechs Monate nach ihrem Tod im Jahre 1979.

Geschichten aus unserer Zeit

Moderne Kurzgeschichten und Erzählungen für die Oberstufe
Herausgegeben von Karl Hotz und Gerhard C. Krischker.

Du fährst zu oft nach Heidelberg

Ausgewählt von Karl Hotz und Gerhard C. Krischker,
98 Seiten, BN 4381, DM 11,–

Inhalt: *Köpf,* Eine Infektion – *Döblin,* Die Ermordung einer Butterblume – *Langgässer,* Saisonbeginn – *Bobrowski,* Rainfarn – *Fühmann,* Das Judenauto – *Kunert,* Zentralbahnhof – *Weisenborn,* Zwei Männer – *Schnurre,* Die Zuflucht – *Borchert,* An diesem Dienstag – *Frisch,* Café de la Terrasse – *Böll,* Du fährst zu oft nach Heidelberg – *Plenzdorf,* kein runter kein fern – *Braun,* Banaler Vorfall – *Bächler,* Stadtbesetzung – *Piontek,* Erde unter dem Schnee – *Lenz,* Der längere Arm

Apfel auf silberner Schale

Ausgewählt von Karl Hotz und Gerhard C. Krischker,
90 Seiten, BN 4382, DM 11,–

Inhalt: *Grass,* Geschichten Geschichten – *R. Walser,* Für die Katz – *Kaschnitz,* Das dicke Kind – *Koeppen,* Frieda – *Andersch,* Seltsames Erlebnis eines venezianischen Ofensetzers – *Marti,* Neapel sehen – *Wohmann,* Verjährt – *Johnson,* Jonas zum Beispiel – *Bichsel,* Die Tochter – *Wondratschek,* Mittagspause – *Born,* Sterben – *Schlesinger,* Neun – *Muschg,* Läufer und Brücken – *Vesper,* Ein Vormittag auf dem Land – *Schädlich,* Apfel auf silberner Schale – *Strauß,* Frau auf der Bettkante – *Bachmann,* Undine geht

Interpretationen zu Geschichten aus unserer Zeit 1 und 2,

255 Seiten, BN 4391, DM 22,–